CHRISTOPHE HONDELATTE
présente

« FAITES ENTRER L'ACCUSÉ »

Tome 2

L'assassinat du petit Grégory

avec la collaboration de
Florent Chevolleau, Hugues Raffin
et Dominique Labarrière

Michel LAFON

Dans la même collection :

La Josacine empoisonnée, 2005

À paraître
dans la même collection :

Simone Weber, la diabolique de Nancy

7-13, boulevard Paul-Émile-Victor – Île de la Jatte
92521 Neuilly-sur-Seine Cedex

Chapitre premier

« VOILÀ MA VENGEANCE, PAUVRE CON ! »

Ce mardi 16 octobre 1984, un petit village tranquille des Vosges, Lépanges-sur-Vologne, va devenir célèbre, d'une mauvaise célébrité. Lépanges, ce n'est pas vraiment la montagne, ce n'est pas non plus la plaine. Il y a des collines amples, des sapinières sombres, des chemins déserts, et une rivière vive et froide, la Vologne. On est dans un terroir rude, dans un bourg de mille cinq cents habitants : c'est une France ignorée, une France des marges. Qui connaît alors ces noms : Vologne, Lépanges ? Personne ou presque...

Pourtant ces noms seront bientôt sur toutes les lèvres, pendant des mois, puis pendant des années ; ils feront la une des journaux. Jusqu'aujourd'hui, nul n'ignore ce coin du pays qui recèle un secret terrible... Car ce village, en ce mardi d'octobre, est le théâtre d'un des faits divers les plus troublants, les plus sordides et les plus mystérieux que la France ait connu : l'affaire Grégory. Une récente enquête d'opinion plaçait celle-ci au troisième rang des faits divers les plus marquants du XXe siècle, juste derrière le naufrage du *Titanic* et l'affaire Dominici.

Plus de vingt ans ont passé. La tragédie qui s'est déroulée là en ce jour d'automne garde son secret. Malgré des mois d'enquête qui ont vu tour à tour la gendarmerie et la police judiciaire multiplier les investigations, les interrogatoires et les confrontations de témoins ; malgré une instruction qui a mobilisé trois juges et usé deux d'entre eux ; malgré une mobilisation exceptionnelle de l'appareil judiciaire et une quantité impressionnante d'expertises et de contre-expertises, la lumière n'a pas été faite. À la terrible question : « Qui a tué le petit Grégory Villemin ? » nul ne peut apporter une réponse satisfaisante.

Le doute plane, le soupçon demeure. La tristesse devant la mort d'un enfant, crime impuni, est encore là. Aujourd'hui, Grégory Villemin serait un adulte. Il ne reste que le souvenir d'un gamin, lâchement assassiné.

Rappelons les faits. Grégory, petit garçon de quatre ans, fils unique de Christine et de

Jean-Marie Villemin, joue ce mardi-là près d'un tas de gravier devant le chalet de ses parents, sur les hauteurs de Lépanges, à un kilomètre du bourg. Il est à peu près 17 heures. Soudain, il disparaît. Sa maman le cherche, interroge les voisins. Christine Villemin rencontre Mme Claudon, une fermière qui, à cette heure, va prendre ses vaches dans un pré tout proche pour les reconduire à l'étable. Mme Claudon n'a rien remarqué. Personne n'a rien remarqué. Christine Villemin prend sa voiture, une Renault-5 noire, descend au village et se rend chez la personne qui, habituellement, garde Grégory après l'école. Peut-être Grégory est-il retourné là, pour jouer au ballon en bas de l'immeuble, avec les gamins de la cité. Mais non : Grégory reste introuvable.

Une demi-heure passe. L'un des oncles paternels de l'enfant, Michel Villemin, le frère de Jean-Marie, reçoit un coup de téléphone revendiquant l'enlèvement du garçonnet. Le mystérieux interlocuteur livre, pour authentifier son acte, une précision macabre. Celle-ci est évidemment importante.

Il commence par fournir le motif :

– Je me suis vengé. J'ai pris le fils du chef.

Il continue :

– Je l'ai mis dans la Vologne.

Christine Villemin, immédiatement, prévient les gendarmes. Ceux-ci se dirigent vers la rivière. Mais, déjà, le soir tombe. Les recherches commencent à la lueur des phares et des torches. Les gendarmes s'attendent à passer là une partie de la nuit : hélas, ils se sont trompés. Les recherches sont brèves. À 21 h 15, le corps du petit Grégory Villemin est retrouvé dans les eaux glacées de la Vologne, à Docelles, un village situé à sept kilomètres de Lépanges. Il s'est échoué dans les touffes d'herbe de la berge. Les gendarmes examinent le corps : il ne porte aucune trace de coups ni de chocs, bien que le lit de la rivière soit parsemé de rochers. Les vêtements sont intacts. Le gamin est vêtu d'un blouson fermé jusqu'au cou, d'un pantalon long et de chaussures à lacets. Il a été assassiné, il n'y a aucun doute là-dessus. L'assassin a même pris la précaution d'abaisser le bonnet sur le visage de l'enfant. Détail affreux : Grégory a les chevilles, les mains, les poignets ligotés par une cordelette d'environ deux mètres quatre-vingts. Celle-ci passe autour de son cou, également. Les enquêteurs notent que les mains ne sont pas attachées dans le dos mais par-devant.

Le geste criminel est évident : la cordelette le prouve. Le médecin convoqué sur les lieux, le Dr Petit, examine les liens. Ils sont lâches. Tellement lâches qu'ils n'ont pas étranglé ni meurtri la petite victime. Alors, comment est-il mort, Grégory ?

D'ailleurs, sous le bonnet, le visage présente un aspect serein. Les gendarmes constatent :

– Il semble dormir. Aucune marque de panique, ni de peur.

Dès lors, tout s'enchaîne : cette mort, qui l'a voulue ? Et pourquoi ? À part le coup de téléphone mystérieux, les gendarmes n'ont pas d'éléments. La famille leur a fourni une photo, voilà tout.

Quelques semaines plus tôt, pour son quatrième anniversaire, les parents ont emmené le petit Grégory chez un photographe. Un joli portrait a été réalisé. C'est l'image d'un enfant heureux de vivre, avec de grands yeux innocents et vifs, un sourire éclatant sur les lèvres. Cette photo, bientôt, va se retrouver à la une de tous les journaux. Car dès que l'affaire est connue, elle suscite un intérêt extraordinaire. La France entière se prend de passion pour ce mystère. D'autant plus que, en regard du portrait de Grégory, les gazettes livrent une deuxième photo, terrible. Celle de la petite victime sortie de la rivière glacée. On y aperçoit un homme, un solide gaillard, qui tient le petit cadavre dans ses bras, avec embarras et précaution, comme s'il avait peur de briser l'enfant fragile. Ou comme si l'horreur du drame le paralysait.

Deux journalistes, Philippe Jéchoux et son photographe, tous deux employés par *La Liberté de l'Est*, quotidien régional, étaient présents. Ils sont les auteurs du premier article et du premier cliché, qui vont tout déclencher. Le lendemain, mercredi, la déferlante médiatique commence. Elle ne cessera plus. Le ton est donné. Jamais la presse française, semble-t-il, n'a publié la photo d'un enfant mort. Cette affaire n'est donc pas comme les autres ? Si, elle est comme les autres. Aussi sordide, aussi atroce. Mais ce qui fait la différence, c'est le traitement médiatique. Il y a un empressement, un affolement étranges. Tout va très vite. Et très loin.

Les enquêteurs, immédiatement, reprennent la chronologie. Ils récapitulent. À 17 heures, la disparition est constatée. À 17 h 30, la voix rauque anonyme revendique l'enlèvement. À 21 h 15, le corps est retrouvé. Le lendemain matin, la photo est à la une. Très vite, une évidence se fait jour : les médias vont couvrir l'affaire heure après heure. Ils sont là, présents, omniprésents. L'enquête va se dérouler en direct, sous le regard des caméras et des journalistes. Au risque de brouiller tout.

Qui ? Qui a pu commettre ce geste ? Il faut un coupable. Tous le réclament. Qui a tué Grégory ? La rapidité d'exécution du rapt et du meurtre, la détermination froide du coupable, surprennent les enquêteurs. Décidément, il faut trouver l'assassin. Il le faut. Pareil crime ne peut rester impuni.

Dès qu'ils ont été informés du coup de téléphone anonyme, Christine et Jean-Marie Villemin, les parents de Grégory, ont été convaincus que le pire était certain. Christine Villemin a dit d'emblée à la gardienne de son fils, qui rapportera la phrase aux gendarmes :

– Si tu savais tout, tu comprendrais tout de suite comme nous. S'il le tient, c'est foutu !

Qui est ce « il » ? Christine Villemin a-t-elle une certitude sur l'identité du coupable ? Et que présuppose ce « si tu savais tout » ? Immédiatement, on pense à des affaires louches, des vengeances atroces, des règlements de comptes, des rancœurs sourdes qui courent dans la province. Ils la connaissent donc bien, cette voix rauque, les Villemin ? Oui. Toute la famille Villemin l'a entendue. Depuis des années, elle déverse au téléphone sa haine et sa jalousie. Bien avant le crime, quelques mois plus tôt, cette voix a affirmé :

– De toute façon, je te mettrai une balle entre les deux épaules. Et si je te loupe, je viendrai t'apporter des oranges à l'hôpital… Et puis non, je m'en prendrai à ton gamin. Ça te fera plus mal. Je te surveillerai là-haut avec des jumelles.

Si je le trouve dehors, je l'embarque et tu le retrouveras en bas.

En bas ? En bas de la rivière, évidemment. C'est ce qui s'est passé. La voix appartient donc à un criminel ou à un fou. Ou les deux. La procédure, dans les cas de cette nature, est simple : il suffit d'identifier le numéro d'où est parti le coup de téléphone, via les PTT. D'autant plus que, des coups de téléphone de cette nature, il y en a eu beaucoup, au cours des ans. Cependant, depuis le printemps de l'année précédente, les choses semblaient calmées. La voix ne se faisait plus entendre. Il est vrai que bon nombre de ses victimes avaient fini par être placées sur liste rouge.

Le lendemain même de la mort du petit Grégory, son père, Jean-Marie Villemin, reçoit par la poste une lettre anonyme. Elle est manuscrite. Elle contient des mots étranges : « Ce n'est pas ton argent qui pourra te redonner ton fils. J'espère que tu mourras de chagrin, le chef. Voilà ma vengeance, pauvre con ! »

Tout comme la voix mystérieuse, l'écriture de ce billet est connue des Villemin. Les experts, sollicités, analysent la missive : cette écriture, diront-ils, est celle d'une personne droitière s'imposant d'écrire ses messages de la main gauche pour brouiller les pistes. Or, à trois reprises déjà, les parents de Grégory ont reçu une lettre de ce genre.

Une première a été glissée derrière les volets de leur maison : « Je vous ferai votre peau à la famille Villemin ! » La syntaxe est hasardeuse, le message est clair.

Deux autres lettres sont parvenues aux grands-parents paternels de l'enfant. En voici un extrait (l'orthographe est respectée) : « Si vous vouler que je m'arrête je vous propose une solution – vous ne devez plus fréquenter le chef. Vous dever le considéré lui aussi comme un bâtard... Si vous ne le faites pas, j'exécuterai mes menaces que j'ai fait au chef et à sa petite famille... »

Les enquêteurs s'arrêtent sur le vocabulaire employé : « chef », « argent », « bâtard », « vengeance ». Tout semble tourner autour de ces éléments : l'envie, la jalousie, la haine. Y a-t-il derrière tout cela quelques secrets de famille bien sombres ? Certainement.

Qui est ce « chef » désigné ? C'est Jean-Marie Villemin. À vingt-six ans, il est contremaître à l'usine Autocoussin de La Chapelle-Bruyères. Son épouse Christine, vingt-quatre ans, est ouvrière à la manufacture de confection MSV de Lépanges. Depuis deux ans, le couple a quitté son appartement HLM pour venir habiter la maison sur les hauteurs du village. Cette maison, que les Villemin ont fait construire, est en travaux : on l'agrandit. Les Villemin jouissent d'une petite aisance : ils possèdent deux voitures, deux véhicules d'occasion sans grande valeur. Mais, dans le milieu étroit du village, c'est beaucoup, c'est trop. Ces voitures sont les signes d'une réussite et d'une position sociale intolérables pour les jaloux. Ceux-ci ont même surnommé Jean-Marie d'un sobriquet : il l'appellent « Giscard », comme s'il était le président de la République. Tout ça parce qu'il a une Renault-20 d'occasion !

Cette jalousie irrationnelle est très vraisemblablement alimentée par le « Corbeau », ce fameux corbeau qui pourrit la vie des Villemin et qui va hanter l'imagination des journalistes. Visiblement, ce délateur anonyme estime que les Villemin ne sont pas assez modestes, qu'ils réussissent là où d'autres rament. Un jour, au cours d'un appel de la voix mystérieuse, Jean-Marie lâche :

– Mais qu'est-ce que je t'ai fait, à la fin ?

– J'ai jamais pu blairer les chefs !

Ils se tutoient, ces deux-là, sans s'être vus. Au cours d'un autre appel, le corbeau précise ses griefs :

– Tu fais bâtir, tu changes d'auto...

Le petit Grégory a-t-il été victime de cette jalousie démente ? Les enquêteurs se mettent en chasse. Après tout, le corbeau est forcément un proche. Il connaît les Villemin et surveille leur mode de vie. Le profil ne correspond qu'à un nombre réduit de gens. Les journalistes, comme les gendarmes, sont persuadés que la lumière sera faite dans les plus brefs délais. Puisque l'assassin est le corbeau (ce qui reste à prouver, notons-le), il suffit de démasquer l'anonyme, voilà tout.

Les journalistes qui ont accouru de toute la France sont calmes : dans quelques heures, forcément, on saura tout. Ils restent donc sur place. Hôtels, chambres d'hôtes, voitures, tout est loué. Le village est envahi. Le cirque médiatique est horripilant. Dès qu'un gendarme se déplace, une cohorte de photographes se précipite pour coller aux basques de la 4-L réglementaire des fonctionnaires. Il s'agit d'être aux premières loges lors de l'arrestation – qui est sans doute imminente – du coupable. Un jour, l'un des véhicules de la gendarmerie démarre sur les chapeaux de roues. La voiture est immédiatement filée. Mais il s'agit d'une fausse alerte : les gendarmes avaient besoin de nouvelles bandes magnétiques pour enregistrer les dépositions.

La clé du mystère est sur le point d'être découverte ? Voire. Car, tandis que les heures passent, puis les jours, puis les semaines, une certitude s'installe. L'affaire n'est pas aussi simple qu'on l'a cru. Il y a des recoins, il y aura des rebondissements. La vérité, interminablement, se dérobe.

Laurence Lacour, jeune journaliste à l'époque, correspondante d'Europe 1 pour l'est de la France, se souvient des déclarations que le capitaine Étienne Sesmat, commandant de la brigade de gendarmerie, directeur de l'enquête, faisait si volontiers sur le perron de la gendarmerie de Bruyères :

– Nous sommes sur les traces d'un loup qui hurle dans la jungle et nous allons le rattraper.

Personne ne fait remarquer au capitaine qu'il n'y a pas de loups dans la jungle.

Mais Sesmat insiste :

– C'est une histoire extraordinaire. Quand vous saurez, vous serez stupéfaits. Il y a des cadavres dans le placard.

Quel placard ? Quels cadavres ? On est en plein roman policier ? Le capitaine a-t-il oublié que nous sommes dans la réalité, que loups, jungle et placard ne sont pas de mise ? Qu'il y a un enfant mort ?

Jacques Expert, alors journaliste à France-Inter, revient sur ces points presse, tenus deux fois par jour :

– Après avoir livré leur communiqué, au lieu de refermer leurs carnets et de rompre l'entretien, les gendarmes restaient là et répondaient aux questions qu'on voulait bien leur poser et auxquelles ils n'avaient pas forcément prévu de répondre...

L'exercice est périlleux. Il y a le devoir

d'informer et le respect du secret de l'instruction : les deux sont difficilement conciliables. Une relation étrange s'établit alors entre la presse et les représentants de l'État. Le procureur de la République du parquet d'Épinal, Jean-Jacques Lecomte, le reconnaît :

– À l'époque, nous n'avons pas su gérer une situation nouvelle : l'influence de la presse, des médias, dans une enquête judiciaire.

Une situation nouvelle ? De tous temps, les médias ont brouillé les pistes judiciaires, parfois en les redressant, comme dans l'affaire Dreyfus ; parfois en les gauchissant, comme dans l'affaire de Bruay-en-Artois. Dans ces deux cas, comme pour Dominici et Seznec, les confidences hasardeuses, les fuites, les bavardages de juges ou de témoins avaient nourri la presse et orienté, parfois arbitrairement, les soupçons. L'exemple récent de la tornade médiatique qui s'est abattue sur l'ex-maire de Toulouse, Dominique Baudis, le prouve. Bref, rien de nouveau dans ce parasitage journalistique. La vérité, c'est que l'institution judiciaire n'a pas su, dans l'affaire Grégory, gérer la presse.

Ainsi, aux premiers jours de l'enquête, tout le monde parle, parle, parle. Le père de l'enfant accorde, dès le lendemain du meurtre, une interview au reporter de RTL, Jean-Michel Bezzina.

La scène se passe sur le pas de la porte de la maison Villemin. Bezzina demande :

– Vous êtes jeune. Votre femme aussi. Qui peut vous en vouloir à ce point ? Vous avez un avis ?

– Oui, j'en ai un. Mais je le garde pour moi.

– Le corbeau, est-ce que vous le connaissez ?

– Oui, je le connais. Je le connais.

Donc, l'affaire est bouclée, n'est-ce pas ? Puisque Jean-Marie Villemin sait. Et pourtant...

Dès les premières heures, dès les premiers actes de l'enquête, la presse est ainsi mise en vedette. Elle se trouve sur le devant de la scène, au risque de faire basculer le jugement des intervenants. La cohorte des journalistes suit les gendarmes à la trace, parfois en caravane de plusieurs centaines de mètres. Des dizaines de voitures filent les véhicules de gendarmerie, provoquant des embouteillages, parfois de menus carambolages. Certains se retrouvent dans le fossé. La tragédie vire à la farce.

– On savait ce que les gendarmes faisaient, où ils allaient, qui ils voyaient, qui ils interrogeaient, ce qu'ils demandaient aux uns et aux autres.

Certes. Mais pourquoi les gendarmes laissent-ils faire ? C'est qu'ils ont une formation simple : depuis toujours, ils sont implantés dans un terroir. Ils vont au café avec les gens du coin, ils connaissent leurs épouses, leurs enfants vont dans les mêmes écoles. Donc, le gendarme de base a du mal à soupçonner ses concitoyens proches. Le coupable, c'est forcément un étranger, quelqu'un qui vient d'ailleurs, qu'on ne connaît pas. Dès que l'enquête se dirige vers les gens proches, elle devient malaisée. Dans l'affaire Grégory, ce malaise devient exacerbé. Grâce à certaines fuites, les journalistes arrivent à recueillir des témoignages avant que les gendarmes n'arrivent... La situation, très vite, se gâte. Car la presse ne reste pas passive.

Ainsi, on apprendra par la suite que les époux Villemin ont choisi d'être défendus par un ténor, Me Henri-René Garaud, et que ce choix n'est pas le fait du hasard. C'est Europe 1 qui les a présentés. Or Garaud est le représentant parisien de l'association Légitime Défense. À l'époque, cette association, que certains n'hésitent pas à considérer comme très marquée à droite, défend tous les boutiquiers qui tirent sur les voleurs de poules, les énervés qui tuent des voyous de banlieue. En présentant Garaud aux Villemin, les journalistes d'Europe 1 espéraient-ils glaner quelques informations sur le dossier ?

Pendant ce temps, l'enquête officielle se poursuit. Les gendarmes retournent sur le terrain, piétiné depuis longtemps, pour chercher des indices. Ils inspectent le lieu où on a trouvé le corps. À force de scruter le sol, ils remarquent une trace de pneu et l'empreinte d'un talon de chaussure. De femme. Mais ces traces sont assez éloignées. Sont-elles pertinentes ? Les gendarmes se décident à faire un test : ils lancent dans la Vologne un mannequin représentant l'enfant. Même taille, même poids. Ils répètent le processus plusieurs fois. Et la conclusion est imparable : il est impossible, totalement impossible, que le courant de la rivière ait rejeté le petit cadavre à l'endroit où il a été trouvé. S'il avait été jeté dans l'eau à Lépanges, il se serait échoué ailleurs. Ils recommencent, en partant d'ailleurs. Ils parviennent ainsi à situer le lieu où a été jeté le corps : c'est à Docelles même, derrière le local des pompiers. Enfin, un point concret.

Mais un point qui soulève encore d'autres questions. Comment se fait-il que personne n'ait rien vu là, au milieu du village, en plein jour ? Personne, à l'époque, ne songe que le geste a pu se commettre la nuit. C'est important. Les enquêteurs sont figés dans un schéma, ils y collent.

L'autopsie de Grégory laisse elle aussi un certain nombre d'interrogations en suspens. D'abord, elle est incomplète. Le légiste, qui pense que l'enfant a été ligoté et noyé, n'a pas jugé utile d'analyser l'eau trouvée dans les poumons de la victime. Et il n'analyse pas non plus le contenu des viscères. Résultat : on ne connaîtra jamais l'heure exacte du décès, ni les circonstances, ni les causes précises de la mort. Ainsi, on ne saura pas si l'enfant était déjà mort quand il a été jeté dans l'eau...

Lacunes impardonnables, expertises paresseuses, justice embourbée... L'affaire Grégory sera pleine de bourdes. Car ce n'est pas fini.

Comme les enquêteurs sont certains de faire tomber l'assassin très vite, il n'y a pas besoin de mener une enquête minutieuse. Les messages du corbeau laissent penser qu'on a affaire à un fruste, et qu'on va le piéger rapidement. Les journaux l'affirment – « Le meurtrier démasqué sous 48 heures ! » – donc, c'est vrai. De cet excès de confiance va naître le dévoiement de l'enquête. On sait, depuis toujours, que plus une affaire traîne, plus elle est compliquée. Or, ici, elle va traîner. Mais personne ne le sait encore.

Les journalistes, qui se déplacent en hordes et ont l'esprit de la meute, partagent cet optimisme. Certains laissent tomber le mot de « curée ». La famille Villemin est idéale pour faire de la copie : il y a des frères, des demi-frères, un enfant naturel évoqué maintes fois par le corbeau, un aïeul pendu dans un grenier. En plus, il y a eu sept cents appels téléphoniques – oui, sept cents ! – en deux ans. Le corbeau a même prouvé qu'il connaissait tout de la famille en criant :

– Attention, ta maison va brûler cette nuit ! Le vieux est mort pendu dans sa grange !

Grange, grenier ? On ne sait plus. Quel rapport avec l'enquête ? Secrets, secrets...

Comme le note Laurence Lacour :

– La presse a senti la bonne affaire. L'affaire où tout bouillonne et se mélange. L'affaire qui fait vendre.

On exhume, on expose sans retenue les ragots. On traque les non-dits, on pioche dans les arrière-cours de la France profonde. On se repaît de l'existence d'un demi-frère, un « bâtard ». On laisse planer la rumeur d'une relation incestueuse qu'aurait eue le grand-père de Jean-Marie Villemin. Déjà les gazettes titrent sur cette « famille à histoires », sur le « clan Villemin ». Mais quelle famille n'a pas « d'histoires » ? D'autant plus que les Villemin forment une tribu tentaculaire. Soixante-dix membres, un grand-père, Albert, qui avait déjà huit enfants quand il s'est remarié en 1958 avec une femme qui, de son côté, en avait six. Sont alors nés quatre autres enfants, dont Jean-Marie... Comment s'y retrouver, dans ce labyrinthe, dans cet écheveau ?

Là-dessus, les relations familiales se doublent de relations professionnelles. Ainsi, Jean-Marie Villemin, le « chef », est le supérieur hiérarchique de certains de ses proches, à l'usine. Il serait même à l'origine du licenciement de l'un d'entre eux. Le « chef » n'est pas facile. Il est autoritaire. Et taiseux.

En revanche, les autres membres de la famille ne le sont pas. Ils bavardent avec complaisance. Ils se confient. Aux journalistes, en priorité. Ils montrent leurs photos de classe, leurs coupes de concours de pétanque, leurs chiens. Ils prennent le café avec les reporters. Certains n'ont rien à dire, mais quoi ? On bavarde. On mouline des fausses infos, des rumeurs, des suppositions, des rancœurs. Du vent.

Me Garaud, lui, connaît bien le reporter de *Paris Match*, Jean Ker. Ils se rencontrent, non loin de Lépanges. L'avocat demande :

– Que voulez-vous ?

– Je veux tout. Je veux entrer dans la maison, les lettres du corbeau, je veux des photos !

L'avocat présente le journaliste à Christine et à Jean-Marie Villemin en assurant que c'est « un homme de confiance ». Jean Ker a les coudées franches, dès lors. La chambre du petit Grégory est photographiée sous tous les angles, avec son papier peint récent aux dessins de bolides ; ses peluches sur le lit ; ses jouets mécaniques ; sa bicyclette dans un coin et, au mur, le fameux portrait de l'enfant. Rien n'a bougé. La chambre semble attendre le retour du garçonnet. Jean Ker est content :

– C'est une image très forte.

Des « images très fortes », la presse en publiera beaucoup. Quelques fois, elle les fabriquera.

De retour dans la cuisine, le reporter demande d'autres photos, des instantanés de la vie de famille, des souvenirs de réunions. Il se souvient :

– Alors les parents se mettent à fouiller partout. Dans les boîtes, les cartons à chaussures, les tiroirs, à la recherche de clichés... Je fais mon choix. J'emporte trente-deux photos. Un vrai trésor de guerre.

Il emporte aussi des photocopies des messages anonymes du corbeau. Ils n'ont jamais été publiés. C'est donc un scoop.

Arrive le jour des funérailles du petit Grégory. Ce 20 octobre, tout le village est là. Toute la presse française aussi. Le clan Villemin est au complet. Forcément, le corbeau se trouve dans la foule... Alors on s'épie, on guette les réactions, les rougeurs subites, les hésitations, les bévues. *Le Matin* affirme à la une, le lendemain : « L'assassin était aux obsèques ! »

Paparazzi et cameramen sont aux aguets. Ils mitraillent, ils filment. Les organisateurs ne les ont pas cantonnés à l'extérieur du cimetière. Ils surgissent derrière les tombes, cadrent le visage du père en plein désarroi, ils s'appuient sur les vieilles pierres, flashent, agacent, n'ont aucune retenue. Commencée dans la peine et le recueillement, l'inhumation devient un chaos choquant.

Christine Villemin s'évanouit : un cameraman s'élance pour la filmer. On lui lance des pierres. On chasse les journalistes, la bagarre éclate. Christine Villemin est évacuée, son mari l'emporte dans ses bras. L'enfant sera mis en terre sans elle. La grand-mère Villemin craque. Tout est profané, tout est souillé. La victime n'existe presque plus. Il ne reste que le sensationnel, c'est ce qui fait vendre. Pourtant, ce n'est pas fini. On va toucher à l'abjection.

Un photographe a l'idée de procéder à une mise en scène sur la sépulture de Grégory. Il y dépose des jouets et photographie les parents devant la tombe ! C'est la dernière touche morbide ? Pas du tout. Car la photo de l'enfant qui orne sa pierre tombale sera volée, puis restituée aux parents par un reporter soucieux de s'attirer leurs bonnes grâces. Il aurait retrouvé le voleur... C'est du journalisme de caniveau.

L'enquête, elle, s'enlise. Les gendarmes multiplient les vérifications, les interrogatoires, les confrontations. Ils piétinent. La pile de papiers augmente, les certitudes diminuent. Le capitaine Sesmat – devenu aujourd'hui colonel – résume :

– Nous savions par les experts qu'un corbeau cherche naturellement à observer les réactions de ses victimes. Comme le plus grand nombre de lettres et d'appels était parvenu aux grands-parents, Albert et Monique Villemin, qui demeuraient à Aumontzey, à quelques kilomètres de Lépanges, nous nous sommes intéressés aux membres de la famille et aux proches résidant dans ce secteur. Nous les avons entendus et nous avons vérifié les alibis de chacun. Nous en profitions pour les inviter systématiquement à un exercice de dictée afin d'identifier l'auteur des messages. Et c'est ainsi que, indirectement, nous sommes arrivés à Bernard Laroche.

Chapitre 2

L'ASSASSIN DÉSIGNÉ

Bernard Laroche, vingt-neuf ans, est un cousin germain de Jean-Marie Villemin. Il habite une maison sur les hauteurs d'Aumontzey, avec sa femme Marie-Ange et leur fils Sébastien, quatre ans. L'âge de Grégory. Bernard Laroche travaille chez Ancel, une usine textile de Granges-sur-Vologne. Il passe pour un homme discret, placide, derrière ses grosses moustaches. Le regard neutre, la paupière lourde, il n'est pas du genre causant. À la filature Ancel, il est très correctement noté par ses supérieurs qui l'ont promu « contremaître de nuit ». Les jours de congé, il aime bûcheronner dans la forêt afin de faire sa réserve de bois pour l'hiver. Avec l'héritage de son père, disparu trois ans plus tôt, Bernard Laroche a acheté un tracteur et effectue des coupes de bois qu'il livre à des clients du village. Quand on parle de lui, les mêmes mots reviennent. Il est « tranquille », « bonhomme »,

« sympathique ». Les experts de gendarmerie ont utilisé les mêmes qualificatifs pour dresser le profil du corbeau. Forcément, ce dernier passe inaperçu dans la population. Laroche, justement, offre un caractère passe-partout.

Marie-Ange Laroche, née Bolle, a vingt-sept ans. Elle est ouvrière à l'usine textile Profilage de Gérardmer. C'est une jeune femme qui est aussi tranquille que son mari.

Lors de la dictée obligatoire à la gendarmerie, l'écriture de Bernard Laroche est jugée « intéressante ». Ce qui, en langage policier, signifie « suspecte ». Le juge d'instruction, Jean-Michel Lambert, décide alors d'y voir plus clair. Il réunit à Nancy plusieurs experts en écriture, dont Marie-Jeanne Berichon-Seyden, spécialement venue de Paris. Celle-ci commence par constater que toutes les lettres du corbeau sont de la même main, et forment un tout. Les lettres reçues par les grands-parents Villemin, la lettre qui revendique le meurtre, toutes sont issues du même endroit. C'est le premier point. Il est important.

Deuxième point : l'experte compare méthodiquement ces lettres avec les dictées réunies par les gendarmes. Il y en a cent quarante-huit. Après un après-midi passé sur le dossier, Marie-Jeanne Berichon-Seyden dit au capitaine Sesmat :

– Je me suis formé une opinion, capitaine. Je

ne peux pas dire si l'auteur de ces lettres est le meurtrier. Mais je sais qui les a écrites. C'est Bernard Laroche.

Ce n'est qu'une opinion, mais elle est forte. Munie de cet avis, la gendarmerie affine. Les experts en écriture travaillent sur la base de cette expertise. Une empreinte de signature apparaît sur la missive de revendication du meurtre. La feuille sur laquelle ce message est écrit provient vraisemblablement d'un bloc, et la signature s'est décalquée en creux sur cette feuille. Le terme technique, en langage policier, c'est le « foulage ».

Le gendarme Denis Klein est un spécialiste du foulage. Il procède avec une lumière rasante pour faire ressortir le relief du tracé. Il découvre que deux lettres sont en quelque sorte gravées dans le papier. Un « L » majuscule, calligraphié à « l'anglaise », et un « B » de « caractère typographique ». Qui est ce L.B. ? Pas de doute : Laroche Bernard. De plus, quand on met en transparence la signature complète de l'intéressé telle qu'elle figure au bas de ses dépositions, on s'aperçoit que les deux lettres se superposent exactement. Ces deux lettres d'entame se sont inscrites dans la trame du papier parce que c'est sur celles-ci que la main appuie le plus fort quand elle attaque la signature.

Des indices, mais pas des preuves. Or la gendarmerie sent qu'elle touche au but. Les époux Laroche sont convoqués. Le 31 octobre, ils sont conduits à la gendarmerie et placés en garde à vue. Ils n'avouent rien. Vingt-quatre heures passent. On les relâche. Marie-Ange Laroche a un alibi : au moment du crime, elle était à son usine de Gérardmer. Elle a quitté son poste à 21 heures et elle a pris le car pour rentrer à Aumontzey. Elle est arrivée chez elle à 21 h 30. Là elle a retrouvé sa jeune sœur, Muriel Bolle, qui garde le petit Sébastien.

Quand les Laroche sortent, les journalistes les assaillent. Devant les caméras et les micros, Bernard Laroche déclare :

– J'ai la conscience tranquille. Je sais que ce n'est pas moi.

Ce qui n'en fait pas un innocent. Les gendarmes épluchent son emploi du temps du mardi 16 octobre. Laroche travaille de nuit, il a donc ses après-midi libres. Il prétend qu'il se trouvait à Aumontzey. Comment le prouver ?

Un nouveau personnage entre en scène : Muriel Bolle. La jeune sœur de Marie-Ange a quatorze ans. Sous un visage boudeur, cette petite rousse a des choses à déclarer. Elle est entendue par les gendarmes. Elle confirme l'alibi de Bernard Laroche. Le 16 octobre, à 17 h 20, elle l'a rencontré dans le village. Il ne pouvait donc pas se trouver à Lépanges. Immédiatement, les gendarmes flairent un loup. Ils entrent dans les détails. Ils confrontent les déclarations. Celle de Laroche est claire :

– Au moment du meurtre, j'étais chez la tante Louisette, je regardais la télévision avec Sébastien, mon fils. Vers 17 h 30, Muriel est passée et m'a vu.

Mais Muriel, elle, raconte autre chose. Elle dit que c'est elle qui regardait la télévision chez Louisette et que Laroche est arrivé par la suite. Qui se trompe ? Qui cherche à tromper ? Les gendarmes insistent. Ils se font pressants. Ils croisent leurs questions. Les heures passent. Ils ne lâchent pas.

Brusquement, Muriel craque. Elle dit, alors, la vérité. Du moins le croit-on...

Selon elle, cet après-midi, Bernard Laroche est venu la chercher en voiture à la sortie de son CES à Bruyères. Il était avec Sébastien, son fils. Ils sont allés à Lépanges. Là, dit-elle, Bernard Laroche a pris Grégory. Ils se sont arrêtés au centre du village, puis sont allés à Docelles. Elle est restée dans la voiture avec Sébastien. Laroche est parti avec Grégory. Il est revenu seul. Occupée par le petit Sébastien, Muriel n'a pas prêté attention à son beau-frère. Les gendarmes sont perplexes. Sesmat précise :

– Elle ne dit pas qu'elle a assisté au ligotage de l'enfant ni au meurtre.

Certes. Mais ce témoignage est accablant. Le procureur de la République, Jean-Jacques

Lecomte, incite le juge Lambert à recueillir la déposition du témoin, de vive voix. Pourquoi ?

– Parce que le fait d'être entendu par le juge en personne est une garantie parfaite contre l'accusation éventuelle de pressions exercées sur le témoin.

Mais le juge Lambert a d'autres chats à fouetter. Nous sommes vendredi. Il veut partir en week-end. L'audition de Muriel Bolle aura lieu lundi. La collégienne est relâchée, et convoquée pour le début de semaine. Entre-temps, elle passe le samedi et le dimanche en famille.

Le lundi 5 novembre, par un matin froid, le juge Lambert est de retour. Il entend Muriel Bolle. Elle maintient sa déclaration en tous points. Le juge Lambert ordonne l'arrestation immédiate de Bernard Laroche. Muriel Bolle est reconduite chez ses parents. La machine infernale est en place. Personne ne le sait, personne ne peut le prévoir, mais le drame se noue.

Les gendarmes partent à toute allure vers Aumontzey. La caravane de journalistes, de plus en plus longue, les suit. L'arrestation s'opère devant les caméras. Un vrai western. Laroche est interpellé en plein travail, à sa chaîne de montage. On lui passe les menottes. On le sort de l'usine. Les photographes le mitraillent. Il est poussé dans une voiture et le défilé repart vers la caserne. C'est fou. Pour tous, il est coupable, forcément. Il est condamné par l'opinion publique, puisqu'il a été jugé par les journalistes. Une fois de plus, la presse joue un sale rôle. Isabelle Baechler, journaliste à Antenne 2, souligne :

– La présomption d'innocence, connaît pas ! On fabrique un coupable en direct !

Bernard Laroche est inculpé d'assassinat. L'affaire touche donc à sa fin. On tient l'assassin, rideau. Il a un mobile – la jalousie. On prête à Bernard Laroche les sentiments du corbeau : il hait, paraît-il, le couple Villemin. Tout le monde le confirme. D'ailleurs, deux jours avant le drame, Christine et Jean-Marie n'ont-ils pas reçu chez eux Michel, le frère de Jean-Marie, avec son épouse Ginette ? Ne leur en ont-ils pas mis « plein la vue » ? N'ont-ils pas exhibé leur salon en cuir, les travaux d'agrandissement de la maison, leurs voitures ? Cet étalage a probablement été rapporté aux autres membres de la famille. Le corbeau a senti sa jalousie se décupler : intolérable. C'est, selon les enquêteurs, « la goutte qui a fait déborder le vase ». Il n'empêche qu'on a des présomptions, pas de preuves. Mais à quoi serviraient des preuves, alors que Laroche a déjà été désigné à la vindicte publique ?

Le juge Lambert, trente-deux ans, s'entretient avec les journalistes. Il tient sa victoire, il sourit.

Derrière ses larges et fines lunettes, ses yeux pétillent. Avec son apparence de bon élève et ses complets de communiant, il ressemble à un adolescent. Il est magistrat instructeur à Épinal depuis quatre ans. C'est son premier poste. On le dit intelligent et réfléchi. Au moment où l'affaire Grégory éclate, il gère deux cents dossiers. Mais celui de la Vologne est, de loin, le plus important. Le juge tient-il son heure de gloire ? Il le pressent. Il prête une oreille complaisante aux questions de la presse.

– Qu'est-ce qui vous a permis de faire arrêter Bernard Laroche, monsieur le juge ?

– Un témoignage capital, et un rapport d'expertise.

– Le témoignage de Muriel Bolle ?

– Exact.

– Qu'est-ce que qu'elle a dit ?

– Cela, je n'ai pas le droit de vous le dire. Secret de l'instruction.

Le mot est lâché. Mais c'est une dérobade. Le secret de l'instruction, depuis longtemps, n'existe plus dans cette affaire. Tout se passe sur la place publique.

– Muriel Bolle a-t-elle accompagné Bernard Laroche sur le lieu du crime, monsieur le juge ?

– ...

– Était-elle dans la voiture ?

– Exact.

– Sébastien aussi ?

– Oui.

Visiblement, il n'y a aucun doute. Les experts ont certifié que le corbeau a une « intelligence forte, une tendance obsessionnelle hors du commun » ; ils ont même conclu que « le corbeau n'est pas un individu primaire ». Le juge a bouclé le dossier.

Le procureur de la République, intercepté par les journalistes dans le parking du palais de justice, confirme.

Les journalistes mettent un point final à cette affaire. Laurence Lacour se souvient :

– Pour nous, l'affaire est terminée. Nous nous apprêtons à quitter les lieux dès le lendemain.

L'affaire est terminée ? Voire. En réalité, elle ne fait que débuter. On n'en est qu'aux préliminaires.

Chapitre 3

VOLTE-FACE

Le lendemain, les journalistes bouclent leurs valises. Ils s'en vont. Mais, au moment où Laurence Lacour passe devant la maison des Bolle, elle est interpellée, avec ses confrères :

– Juste au moment où nous partons, la famille Bolle nous intercepte. Muriel a quelque chose à nous dire. Nous l'écoutons. Et là, devant les caméras et les micros, l'adolescente se rétracte.

C'est un coup de tonnerre. L'affaire bascule. Tout repart de zéro. Au bord des larmes, la collégienne revient sur ses déclarations. Elle a parlé sous la pression des gendarmes :

– Ils ont dit qu'on me placerait dans une maison de correction si je ne disais pas ça au juge !

Les journalistes sont survoltés. C'est un nouvel épisode du roman-feuilleton qui se met en place sous leurs yeux. Muriel Bolle reprend :

– Ce sont les gendarmes qui m'ont menacée.

Ils m'ont affirmé que c'était Bernard qui avait déjà dit tout ça, que j'étais avec lui, qu'il avait avoué et que si je ne disais pas comme lui je serais complice et j'irais en maison de correction. J'ai raconté ce qu'ils voulaient. Ce sont eux qui m'ont montré la route, l'autre jour. Moi, j'ai montré pareil.

Cette petite rousse, dans son jogging noir et gris, face aux caméras, fait penser à un animal traqué. Les reporters insistent. Elle se bute :

– Non, je n'y étais pas, dans la voiture de Bernard. Je n'ai jamais été sur Lépanges et tout ça. Là où le gosse a été noyé, j'y ai jamais été !

Elle hausse le ton :

– Bernard est innocent ! Je n'ai jamais été avec mon beau-frère !

Elle lève le menton et répète :

– Bernard est innocent !

Il n'y a plus de témoignage à charge. Il n'y a plus d'assassin. Les gendarmes ont l'air d'être, au pire, des tortionnaires manipulateurs ou, au mieux, des incapables. L'enquête aurait-elle été mal menée ? le colonel Sesmat défend, aujourd'hui, ses hommes :

– Avec ce qui s'était passé la veille, le nom de Muriel donné à la presse et l'inculpation de son beau-frère, on pouvait s'attendre à ce revirement. C'était un très mauvais plan de la remettre en liberté et de la laisser repartir dans sa famille.

Pour les gendarmes, la pression familiale explique cette volte-face. Le juge a néanmoins décidé de relâcher Muriel. Mis en face de ses responsabilités, il ne semble aucunement déstabilisé. Il est moins souriant, même grave, mais c'est tout.

– Personnellement, je m'attendais à cette rétractation. Elle ne me surprend pas et ne m'émeut pas davantage.

– Ces rétractations ne fragilisent-elles pas le dossier ?

– Non. Il y a d'autres éléments à côté qui me permettent de ne pas en faire grand cas.

Quelques journalistes notent que le juge semble forcer sur la voix grave, pour gommer son impression de jeunesse.

Une question, dès lors, se pose. Muriel Bolle a-t-elle dit la vérité, même par morceaux ? Ou a-t-elle tout inventé ? Et si c'est le cas, pourquoi ? Marie-Ange Laroche, sa sœur, répond :

– Quarante-huit heures de garde à vue, c'est très long et très dur. Muriel n'a que quatorze ans. Elle a pu craquer. Je connais des adultes qui ont craqué.

Marie-Ange a raison. Mais, dans tout ce fatras, il y a certainement un grain de vérité. Où ? Marie-Ange balaie tout, en criant devant les caméras :

– C'est une machination ! Une manipulation !

La théorie du complot fait surface, comme toujours dans ce type d'affaire. Elle est pratique. Qu'en pense le colonel Sesmat ?

– Muriel a pu être impressionnée de se trouver dans une brigade de gendarmerie devant trois ou quatre gendarmes adultes. Mais les aveux de Muriel ont été confortés par les témoignages d'autres personnes qui n'ont aucun intérêt à raconter des mensonges.

Quelles sont ces autres personnes ? Il y a le chauffeur du car scolaire. Il y a les camarades de classe de Muriel. Ils ne se souviennent pas de l'avoir vue dans le car, ce soir-là, alors qu'elle prétend y avoir été. Mensonges, vérités, qui croire ?

Le juge Lambert ordonne une confrontation entre Bernard Laroche et Muriel Bolle. La presse en est la première informée, cela va de soi. La presse est au courant de tout ce qui se passe à la gendarmerie. Il n'y a pas de raison, n'est-ce pas, que le robinet à informations s'arrête. Comme au cimetière, le chaos s'installe. La population, chauffée à blanc par les médias, exaspérée par les revirements des uns et des autres, par le flou dans lequel tout s'enlise, s'invite à l'audition. Une foule excitée se rassemble sur la place, devant le palais de justice, et c'est la foire : cris de haine, insultes, malédictions pleuvent. Ce n'est plus un western, c'est le Moyen Âge. Marie-Ange Laroche craint d'être lynchée. Son avocat s'interpose.

Les enquêteurs, eux, sont zen. Ils sont convaincus de détenir le vrai coupable. Ils sont certains que Muriel Bolle ne saura pas résister, et qu'elle reviendra à sa déclaration initiale. Ils se trompent. Muriel s'enferre dans sa dernière version. Non, elle n'était pas là. Non, elle n'est pas montée dans la voiture. Non, Bernard Laroche n'est pas coupable. L'avocat de ce dernier, Me Gérard Welzer, laisse tomber la phrase fatale, celle qu'on entend toujours de la part des suspects, quel que soit le degré de suspicion :

– Le dossier est vide.

Bernard Laroche est en cellule, à la maison d'arrêt de Nancy. Il ne sait rien d'autre que ce que les médias rapportent. Pour tous, c'est lui l'assassin. Gérard Welzer va lui rendre visite :

– Quand je me rends à la prison, je pense que je vais rencontrer un coupable.

Or, quand il examine le dossier, Me Welzer découvre qu'il est bien mince. Où sont les preuves ? Les charges indiscutables ? Les fameuses écoutes téléphoniques entre Muriel Bolle et Bernard Laroche, dont la presse a tant parlé ? L'avocat les réclame au magistrat. Celui-ci rétorque :

– Ces écoutes n'existent pas.

Et les expertises graphologiques, accablantes pour Laroche ?

– Elles sont en cours.

Bien, mais les premières conclusions des experts ? Très surpris, l'avocat va constater que ces conclusions sont loin, très loin de ce qui est exposé dans la presse.

Il n'y a aucune charge contre Laroche, donc. L'avocat fait part de ses doutes au magistrat et à la presse. Il semble crédible. Si Bernard Laroche n'est pas l'assassin, ni le corbeau, qui, alors ? Il faut trouver un autre coupable plausible. Les journalistes commencent à faire le tour des candidats. Ils trouvent rapidement une nouvelle cible. Une cible que quelques-uns n'avaient pas craint de pointer dès les premières heures de l'affaire : Christine Villemin. Leur suspicion se trouve confirmée par Me Welzer. Celui-ci n'oublie pas, en effet, d'insister sur les témoignages « répétés et concordants » de trois collègues de travail de Christine.

Il ne faut pas oublier les statistiques : celles-ci démontrent que, dans les cas de disparition ou de meurtre d'enfant, c'est dans 50 % des cas un proche qui a fait le coup. La probabilité double quand il s'agit des parents directs.

Les trois collègues de Christine Villemin sont sorties de la manufacture de confection le mardi 16 octobre à 17 heures. Sandrine, Maria et Marie-Line travaillent dans un atelier situé tout à côté du bureau de poste de Lépanges. Celle-ci est une banale maison de village, avec une boîte à lettres en façade. Elle ne jouxte aucun commerce. Quand on est devant la poste, c'est qu'on y va ou qu'on en vient.

Sandrine, Maria et Marie-Line ont vu une personne à proximité de la poste. Ce n'était pas Bernard Laroche. C'est Christine Villemin. L'une des trois filles se rappelle même l'avoir observée un moment et l'avoir vue glisser une enveloppe dans la boîte. La conclusion s'impose : la même personne a écrit et a tué. Le corbeau est forcément l'assassin.

Pour le juge Lambert, ces révélations sont capitales. La déposition de Muriel Bolle, vraie ou fausse, passe au second plan. Du coup, le dossier n'est plus si vide que ça.

Mais les gendarmes n'accordent aucun crédit aux « filles de la poste ». Ils interrogent Christine Villemin par acquit de conscience, sans que leur conviction soit vraiment ébranlée.

Le colonel Sesmat revient sur cet aspect de l'enquête :

– Nous l'avons entendue et réentendue. Les réponses de Christine Villemin ont toujours été claires. Elle n'a jamais dévié. Elle ne portait pas ce jour-là les vêtements que décrivent les jeunes femmes : ce point a été vérifié. Ce n'est pas le 16 octobre, jour du meurtre, mais la veille, le 15, qu'elle a posté du courrier. Il s'agit de deux lettres.

L'une était adressée à une entreprise de vente par correspondance, et l'autre n'a pas été retrouvée...

Le juge Lambert, lui, commence à s'interroger. Il confronte la mère de Grégory à ses collègues de travail, mais Christine Villemin reste formelle. Elle est allée à la poste le 15, pas le 16. Les trois filles maintiennent leurs déclarations. L'une d'entre elles assure que ce ne pouvait être que le 16, un mardi, car elle a vu Christine en allant chez sa sœur. Or, elle rend visite à sa sœur tous les mardis :

– J'ai vu Christine Villemin qui faisait demi-tour juste devant la poste.

Le doute s'insinue dans l'esprit du juge. Car le témoignage des filles est terrible. De leur côté, les affirmations de Christine Villemin sont très nettes, mais personne ne confirme ses déclarations. Le 24 novembre, Christine accorde une interview à FR3. Elle est surprise par le comportement du juge :

– Je trouve bizarre qu'il m'ait mal répondu et qu'il m'ait dit que je mentais.

Le ton de cette femme est attristé. Elle semble accablée par le poids de la machine judiciaire, mais sans animosité. Le journaliste insiste :

– Il vous a accusée de mentir ?

– Oui, il m'a dit : madame Villemin, vous mentez.

L'image montre une femme pâle, aux yeux cernés, un peu voûtée, repliée sur sa douleur.

Sans hausser le ton, mais avec une lassitude profonde, elle ajoute :

– C'est quand même mon petit qui a été enlevé ! J'ai tout perdu !

Elle continue sur le même ton, sans reproche ni colère. Elle dit son incompréhension de se voir traitée en coupable. Elle est victime, rien que victime. Enfin, d'une voix éteinte, elle soupire :

– Qu'est-ce que ça m'aurait rapporté de faire ça ?

La scène, bien cadrée par France 3, est pathétique. Elle illustre le revirement de l'enquête. Désormais, c'est sur Christine Villemin que les soupçons se focalisent. Certains journalistes, en privé, estiment qu'elle est coupable et le disent.

Chapitre 4

ERREUR FATALE

La rumeur enfle. Et si c'était la mère ? La mère coupable ! Coupable du plus odieux des crimes : l'assassinat de son propre enfant ! L'idée même fait frémir. Mais elle fascine. La France entière se passionne...

C'est l'instant de « l'incroyable accusation ». Ce titre va faire la une de toute la presse.

Marcel Trillat, journaliste à France 2, se souvient :

– La mère coupable du meurtre, c'est tellement extraordinaire que certains journalistes s'y accrochent. La mère de l'ange, de l'enfant qu'on croyait choyé, adoré... C'est trop beau !

Les lacunes de l'enquête, dès lors, se font jour, cruellement. Les relevés téléphoniques n'existent pas. Les écoutes non plus. L'autopsie est lacunaire... La presse est déchaînée. La théorie de la mère coupable gagne en ampleur, minute par minute. C'est quand même plus vendeur qu'une jalousie familiale, ou un crime perpétré par un cousin moustachu, ouvrier banal. Isabelle Baechler se souvient de la réaction du directeur de l'enquête, le capitaine Sesmat, quand on évoquait la possibilité de la culpabilité de Christine Villemin :

– La mère, vous n'y pensez pas !

Si, on y pense. Même si, pour les gendarmes, l'hypothèse a été évacuée dès le début de l'enquête, balayée d'un revers de main. Il y a bien eu quelques voix pour soutenir cette possibilité, et maintenant elles triomphent. La gendarmerie a mal fait son travail, dit-on. Ce qui n'est pas totalement faux. Les gendarmes auraient dû vérifier les déclarations et l'emploi du temps de Christine Villemin avec plus de précision. Ils auraient dû s'assurer qu'elle repassait bien du linge – c'est ce qu'elle affirme – à l'intérieur de la maison, lorsque Grégory jouait sur le tas de graviers. Ils auraient dû perquisitionner la maison Villemin, inspecter le véhicule de Christine, rechercher l'origine de la cordelette. Les journaux, qui ont poussé à l'emballement de l'enquête, font maintenant le constat des carences. *Le Parisien* relève sept anomalies. Le jeu des sept erreurs, en quelque sorte :

1 – l'autopsie est incomplète. Bâclée, disent certains.

2 – Aucune recherche n'a été effectuée sur la cordelette. Lorsqu'on a retrouvé l'enfant, il

avait les pieds, les jambes, les mains et le cou ligotés. Au moment de l'autopsie, on a simplement dénoué les liens sans étudier ni photographier les nœuds. Or chacun sait que, « par sa manière de faire des nœuds, on peut signer un crime ».

3 – Pas de reconstitution du ligotage. Les enquêteurs n'ont pas fait faire aux différents témoins et suspects des simulations de ligotage sur un mannequin avec des cordelettes semblables à celles qui ont servi à attacher Grégory.

4 – Il apparaît que la dictée à laquelle on a soumis les témoins et les suspects ne comportait pas les mots présents dans la lettre de revendication de l'enlèvement et du meurtre.

5 – Il semble, affirme *Le Parisien*, qu'il n'y ait pas eu d'écoutes systématiques des conversations entre les différents membres et proches de la famille Villemin, ni une surveillance des cabines téléphoniques du voisinage.

6 – Il n'y pas eu d'enquête sur le corbeau avant le drame. Malgré le nombre d'appels et la répétition des lettres anonymes depuis près de trois ans, aucune recherche sérieuse de l'auteur de ces messages n'a été effectuée. Or, les gendarmes en ont été informés deux ans plus tôt. Que fait la gendarmerie ?

7 – Les témoins n'ont pas été isolés. Les enquêteurs n'ont pas séparé le clan de

l'entourage des Villemin alors qu'on savait qu'il y avait un secret à cacher.

Bilan : les gendarmes ont l'air d'amateurs pris en flagrant délit d'incompétence. Malheureusement, l'addition de ces erreurs risque de compromettre le résultat de l'enquête. C'est d'ailleurs ce qui va se passer. Le colonel Sesmat, évidemment, conteste. En ce qui concerne la fouille au domicile des parents de Grégory, il affirme :

– Imaginez qu'on vous vole votre voiture, et que la première chose que feraient les gendarmes serait de vous dire : « Monsieur, vous allez nous conduire dans votre garage pour voir si elle ne s'y trouve pas », vous auriez de sérieux doutes sur la compétence des gendarmes.

Et il ajoute :

– S'il y avait eu le moindre soupçon, la moindre anormalité dans les attitudes ou les déclarations de Christine Villemin, nous les aurions exploités. Je n'aurais pas eu d'états d'âme à la faire interpeller. Mais aucun de ces éléments n'existe...

Oui, seulement comment prouver qu'« aucun de ces éléments n'existe », si le travail est lacunaire ? En fait, la gendarmerie de l'époque n'avait pas les mêmes méthodes d'investigation qu'aujourd'hui. Par la suite, et compte tenu, d'ailleurs, des flous de l'enquête sur le petit Grégory, les gendarmes envisageront systématiquement toutes les possibilités. Ainsi, dans l'affaire de la Josacine empoisonnée, ils commenceront par envisager que les parents soient coupables. Non pour les condamner a priori, mais pour ne négliger aucune éventualité.

Le juge Lambert tourne peu à peu ses regards vers Christine Villemin. Entre lui et les gendarmes, le fossé se creuse. Bientôt, Lambert ne charge plus le capitaine Sesmat de missions sur le terrain. Il reprend l'enquête à son compte. Il la conduit seul. Mais celui que la presse nomme avec affection « le petit juge » a-t-il les reins assez solides ? L'affaire n'est-elle pas trop complexe pour lui ? Le dossier un peu trop gros ? Des voix le suggèrent.

Jacques Expert, alors journaliste à France-Inter, résume :

– Si la première fois qu'on prend une bicyclette on prétend faire le Tour de France, il y a peu de chances qu'on finisse le Tour et qu'on réussisse à gravir le Galibier ! C'est ce qui s'est passé pour le juge Lambert.

En effet, ce dernier traite là sa première affaire importante. On n'est plus dans le domaine des voleurs de poules et des nuisances de voisinage. On est dans le sordide le plus total, la mort d'un enfant.

La conviction initiale du juge est ébranlée. Il

abandonne la piste Laroche. Il abandonne Laroche lui-même. Il l'oublie. L'inculpé reste cependant en prison, et a été soumis à une confrontation avec Muriel Bolle. Celle-ci a maintenu ses rétractations et réaffirmé l'innocence de Bernard Laroche. Le prévenu, lui, n'a été entendu qu'une seule fois sur le fond. Le résultat de cette audition est maigre : un procès-verbal de treize lignes ! Le colonel Sesmat s'étonne des lacunes de l'instruction.

– Quel médecin, quel psychiatre a examiné le suspect pendant sa détention ? Qui s'est davantage intéressé à lui ? Personne. Il est resté là. Il est devenu un innocent par défaut.

L'affaire Grégory est en train de dérailler. Le secret de l'instruction est mis à mal, le suspect innocenté est en prison, les gendarmes et le juge se tirent dans les pattes. Mais, au fond, pourquoi Bernard Laroche est-il encore derrière les barreaux ? Sur quels éléments le juge se fonde pour le maintien en détention ?

Plus personne ne le sait. Le dossier, résumé, semble être une accumulation d'aberrations juridiques et de fautes de procédure. C'est, dirait-on, un contre-exemple parfait, un objet d'étude : il y a là tout ce qu'il ne faut pas faire, selon certains. Le témoignage à charge de Muriel Bolle n'est pas annulé, mais, dans les faits, il n'en reste pas grand-chose. Les expertises d'écriture n'existent pas, juridiquement. Elles ne peuvent être versées au dossier à la suite d'une erreur de procédure. Car, conformément à l'article 156 du Code de procédure pénale, le juge Lambert aurait dû délivrer une ordonnance pour faire appel aux experts. Or il s'en est remis à la gendarmerie. Me Welzer, l'avocat de Laroche, s'est engouffré dans cette brèche. La chambre d'accusation de Nancy annule tout un pan de la procédure. C'est un coup dur. Il faut tout reprendre.

Toutefois, en marge de l'analyse graphologique, il existe un indice : le foulage. L'empreinte en creux des initiales L.B. décelée sur la lettre du meurtre reste valide. Mais voilà : la fiche de correspondance émise par le gendarme Klein de la section de recherche de Metz a disparu ! Répertoriée sous la référence 815/2, l'enveloppe contenant les constatations du gendarme et les clichés du foulage obtenus par la technique de la lumière rasante s'est évaporée du dossier d'instruction.

Il y a mieux, ou pire.

La lettre elle-même, la lettre de revendication du crime, est désormais inutilisable. Les gendarmes l'ont passée à la poudre noire pour relever d'éventuelles empreintes digitales. Cette poudre rend impossibles les tests électromagnétiques grâce auxquels on peut aujourd'hui déceler les empreintes. La lettre, cruciale dans cette affaire, est aussi utile qu'un chiffon de papier. En termes de police, elle est « inexploitable ».

Donc il ne reste rien qui puisse justifier la détention de Bernard Laroche. Il n'a rien avoué. Il a pourtant été maintenu au secret les deux premiers mois, ne recevant que les visites réglementaires de ses avocats. Il n'a pas craqué. Peut-être n'y a-t-il pas matière à craquer. Dans sa cellule de la prison Charles-III, à Nancy, il attend. Il attend quoi ? Le bon vouloir du juge. Est-on revenu au temps des lettres de cachet et de la justice régalienne ? Ce n'est pas la moindre anomalie de cette affaire...

Mais si le dossier contre Laroche est vide, qu'en est-il des charges réelles qu'on pourrait retenir contre le nouveau suspect, Christine Villemin ?

Elles sont minces, très minces. Le juge repart donc de zéro. Il nomme deux experts en écriture, dans les règles cette fois-ci. Les conclusions de l'un d'entre eux, Alain Busquet, sont surprenantes : elles contredisent formellement les rapports précédents. Le juge, lui, est pressé. Il réclame les conclusions avant même la date butoir de fin d'analyses, fixée au 15 février. Mais le juge Lambert a une bonne raison de mettre les bouchées doubles. Il veut savoir si Bernard Laroche est bien le corbeau. Il met la pression sur l'expert, qui accepte de brûler les étapes, et de livrer un verdict partiel. Faut-il libérer Laroche ? Puisqu'il s'agit de la liberté d'un homme, Alain Busquet cède. Il affirme au juge :

– Non, ce n'est pas Laroche qui a écrit ces lettres.

Il ne reste plus à Lambert qu'une seule solution. Élargir Laroche, malgré l'avis défavorable du procureur, lequel estime qu'il n'y a pas d'élément nouveau suffisant pour permettre de revenir sur la décision initiale. Lambert passe outre. Le juge est le patron de l'enquête. Bernard Laroche sort. À la grande satisfaction de Me Welzer. Pour lui, il y a bel et bien des éléments nouveaux qui justifient la remise en liberté. La nouvelle expertise graphologique, pratiquée par des experts agréés par la Cour de cassation, va dans le bon sens. La déposition des filles de la poste également. Me Welzer a le sentiment que le juge Lambert a commis une erreur, et qu'il fait marche arrière. Ce que l'avocat explique de façon sibylline à la presse :

– Un avocat ne fait pas du dossier ce que le dossier n'est pas.

On n'est pas à une phrase incompréhensible près. Tout le monde comprend que la libération de Laroche est logique. Enfin, presque...

Car ce qui est logique pour les juristes l'est moins pour l'opinion, fondée sur la lecture des journaux. Comment faire accepter à ces mères de famille, à ces pères angoissés, à ces spectateurs de la France profonde, qu'on remette en liberté un homme soupçonné de l'assassinat d'un enfant ? Le malaise est perceptible. Le clan Villemin se sent frustré. Le procureur Lecomte a tenté d'éviter cette situation en conseillant au juge Lambert la prolongation de la détention. Mais il n'a pas été entendu. La suite va démontrer que le « petit juge » aurait mieux fait de se ranger à cet avis. Mais trop tard : l'erreur est commise. Une erreur fatale.

Bernard Laroche sort. Il savoure cet instant. Il revoit le ciel après trois mois de détention (abusive ?). Ses avocats, Me Welzer en tête, savourent. Ils convoquent la presse, toujours aux aguets. Une équipe de l'agence Sygma est mobilisée. Les retrouvailles avec la famille doivent être immortalisées : ce sont des clichés qui valent de l'or. La rencontre a lieu en lisière de la forêt de Dijon. Laroche joue avec Sébastien, son fils. Laroche tient son épouse par le cou. Images du bonheur familial. L'avocat est tout sourire. L'ex-prisonnier répond de bonne grâce aux questions.

– Êtes-vous innocent ?

– Oui, je suis innocent. Je peux le dire à n'importe qui. J'espère que le vrai coupable sera trouvé un jour.

Laroche parle d'un ton neutre. Manque-t-il de conviction ? Certains le prétendront. Mais ce n'est pas un indice et encore moins une preuve. Le reporter reprend :

– Savez-vous que des gens vous en veulent ? Certains disent même qu'ils vous tueront.

– Ce n'est pas parce qu'ils me tueront que cela fera revenir le petit Grégory.

Bernard Laroche a l'air tranquille. Il reprend sa promenade familiale dans le sous-bois.

Son retour est filmé. Tout comme son arrestation l'avait été. Il revient à l'usine sous les caméras. Le lynchage médiatique est terminé. Le reporter qui l'accompagne commente avec entrain :

– Bernard Laroche reprend le travail et une vie normale.

Une vie normale ? Jean-Marie Villemin, devant sa télé, entend ces mots. Il voit rouge. Isabelle Baechler se souvient :

– Tout cela met Villemin dans une colère terrible. La libération de Laroche le rend fou !

De nouveau, la presse se précipite chez les Villemin. Les micros et les caméras sont partout. Christine et Jean-Marie Villemin, la mine défaite, les yeux creux, ne cachent pas leur amertume. Ni leur rage. Pour eux, il n'y a aucun doute. Laroche est l'assassin de leur fils. Ils l'affirment.

– Oh oui, c'est lui !

Jean-Marie Villemin hoche la tête. Convaincu, résolu, il répète :

– C'est lui.

Ce « c'est lui » va peser lourd. Il va peser la vie d'un homme.

Chapitre 5

L'HEURE DES POUSSE-AU-CRIME

À peine Bernard Laroche a-t-il été remis en liberté que « le petit juge » éloigne les gendarmes. Il ne les dessaisit pas officiellement, mais il les ignore. On imagine les tensions, les rapports humains. Pourtant, les gendarmes continuent à faire leur travail : ils rendent visite aux époux Villemin. Ainsi que les journalistes. Les uns et les autres racontent ce qu'ils savent ou ce qu'ils croient savoir des dessous de la libération de Laroche. Manœuvres d'avocat ? Accords secrets ? Tractations discrètes ? Dans un article du *Nouvel Observateur*, François Caviglioli rapporte qu'« un responsable des gendarmes » aurait déclaré haut et fort :

– Il n'y a pas assez de preuves pour accuser Laroche, mais il y en a assez pour faire acquitter celui qui le tuera.

Un autre gendarme aurait également dit :

– Si on avait fait ça à mon fils, je sais ce qu'il me resterait à faire...

Bref, l'ambiance n'est pas sereine. Les esprits s'échauffent. Sesmat, lui, ne confirme ni ne dément. Silence radio. Il reconnaît aujourd'hui que certains de ses collègues ont pu « laisser parler l'homme en oubliant que l'homme portait un uniforme ». Il n'empêche qu'un incendie est en train de couver. Le climat devient délétère. La Vologne est un creuset de passions mal éteintes.

Jean Ker, le reporter de *Paris Match*, celui que les Villemin appelaient amicalement leur « détective », se souvient des relations privilégiées qu'il entretenait, alors, avec le couple. Il rend visite aux Villemin à Bruyères, où ils se trouvent, logeant chez la mère de Christine, à quelques kilomètres de Lépanges. Les Villemin n'ont pas envie de revenir dans leur propre maison.

Jean Ker sort son magnétophone et fait écouter aux parents du petit Grégory l'enregistrement qu'il a effectué du procès-verbal de Muriel Bolle : celle-ci dénonce formellement son beau-frère, Bernard Laroche. Une question se pose : comment ce document, une pièce officielle appartenant au dossier et relevant en principe du secret de l'instruction, est-il parvenu entre les mains du journaliste ? Il y a des fuites, bien organisées.

L'enregistrement dure... trois heures ! Les Villemin, atterrés, écoutent. Trois heures au terme desquelles Christine, bouleversée, confie qu'elle a vu « Grégory partir dans la main de Laroche ». Image, bien sûr. Mais image puissante, terrible. Jean-Marie, à la fin de cette écoute, se lève. Il disparaît un court instant et revient avec un objet long. Il lance à Jean Ker :

– Tu sais ce que c'est, ça ?

Ker regarde l'objet, qui ressemble à « un manche à balai ». Il le prend. C'est un fusil à pompe. Une arme capable de faire un trou de trente centimètres dans un torse. Un arme faite pour ne pas manquer son homme. Jean-Marie Villemin reprend :

– Ça, c'est pour buter Laroche !

– Buter Laroche ? T'es fou ! Arrête ça, tu veux...

– Qu'est-ce que tu ferais, toi, si on avait tué ton enfant ?

Pris dans cette ambiance digne d'un mauvais polar, Christine et Jean-Marie Villemin sont résolus à « descendre Laroche ». Tant pis pour les conséquences. Leur sac pour la prison est prêt. Ils ont collé la photo de Grégory dessus. En bas de l'immeuble où se trouve l'appartement de la mère de Christine, Jean-Marie pleure sur l'épaule du journaliste :

– Tu viendras nous voir en prison, n'est-ce pas ?

– Je n'aurai pas à aller vous voir en prison car vous ne ferez rien ! Il faut me le jurer, sinon je ne bouge pas d'ici !

Jean Ker raisonne les Villemin. Il leur arrache

la promesse de ne rien tenter. Ils se séparent. Le journaliste regagne son hôtel à Épinal. Il n'arrive pas à dormir. Soudain, à 4 heures du matin, il se relève. Un mauvais pressentiment. Il se précipite dans sa voiture et fonce à Bruyères. La voiture blanche des Villemin n'est pas sur le parking du petit immeuble. Ker file à Aumontzey, où demeurent les Laroche. La nuit est froide, humide. Dans la lumière des phares, près du monument aux morts, il repère le véhicule des Villemin. Il descend. Christine est au volant. Le moteur tourne. Un genou à terre, le fusil à pompe en main, Jean-Marie, caché derrière le monument, guette le retour de Laroche. Celui-ci doit rentrer de l'usine d'un instant à l'autre. Il termine son service de nuit.

Ker s'interpose :

– Arrêtez vos conneries ! Ça suffit, à présent !

Les deux autres ne l'entendent même pas. Jean-Marie rétorque :

– Tu nous as remontés à bloc, maintenant tu voudrais nous calmer ?

Ker se plante devant la voiture des Villemin. Puis il remonte dans la sienne pour faire des appels de phares et alerter la famille de Laroche. Il revient à la charge. Jean-Marie s'entête. Puis semble s'apaiser. Et, d'un seul coup, il demande à Jean Ker s'il connaît un tueur à gages.

– Un tueur à gages ? Qu'est-ce que c'est encore, ces conneries ! Arrête ça, tu veux !

Une voiture passe en trombe. C'est Bernard Laroche. Villemin pose le fusil. Il est furieux :

– Ben tu vois ! Tu viens de lui sauver la vie, à Laroche !

La nuit devient un cauchemar. Ker insiste. Il entraîne Villemin vers la maison. Il est l'ami des Villemin. Ils l'écoutent. En apparence. Le jour se lève. Une tragédie a été évitée de justesse. Le sang n'a pas coulé. Jean Ker ne dira rien aux gendarmes.

Mais, dans les collines vosgiennes, les bruits vont bon train. Une rumeur insistante circule : les Villemin veulent faire la peau de Bernard Laroche. Et il semble que ces menaces soient sérieuses. L'atmosphère est lourde. Me Welzer écrit, début mars, au procureur de la République pour l'informer du danger qui plane sur son client. Il réclame une protection pour Laroche. Pourquoi celui-ci ne s'est-il pas mis à l'abri ? Par excès de confiance ou surdose de cynisme ? Le procureur répond avec hauteur, voire dédain. Il n'est pas « une agence de recrutement de gardes du corps », dit-il. Il transmet au préfet. Il attend... Le colonel Sesmat décrit la situation :

– Aucune mesure n'est prise, aucune réunion n'est tenue sur le sujet, aucune directive particulière n'est donnée. Tout le monde convient qu'il y a danger. Mais personne ne fait rien.

On ne désarme pas Villemin. On ne protège

pas Laroche. Marie-Ange elle-même, l'épouse de Laroche, tente de son propre chef une démarche. Les forces de l'ordre lui opposent une fin de non-recevoir. Elle constate, amère :

– On n'a vu personne, aucun gendarme.

Elle téléphone à la gendarmerie. On lui répond :

– Alors comme ça, s'il arrive quelque chose à votre mari, ce sera notre faute ?

Les gendarmes sont visiblement exaspérés. Ils sont dessaisis, officiellement, du dossier. Ce dossier qui repart de zéro. C'est désormais avec le Service régional de police judiciaire (SRPJ) de Nancy que le juge Lambert entend poursuivre l'instruction. Isabelle Baechler, qui couvre l'affaire pour Antenne 2, décrit la confusion qui règne :

– On était alors dans l'absurde. Personne ne tenait plus les manettes. La PJ étudiait le dossier mais ne faisait pas encore de terrain. On sentait planer le danger. C'était étrange. La PJ a pris le contre-pied de l'enquête. Ils ont voulu se démarquer, engager cette enquête sur de nouveaux rails. Alors ils ont cherché à faire porter toute la responsabilité du drame sur Christine Villemin.

Laurence Lacour, la correspondante d'Europe 1, lui fait écho :

– Le postulat de la police est que Christine est impliquée dans l'affaire. Et comme il n'y a aucun élément tangible dans le dossier à ce moment-là, l'équipe de la PJ part du principe que la pression psychologique donnera le plus de résultats... Or il se trouve que le commissaire qui hérite de l'enquête est un ami de longue date d'un journaliste, Jean-Michel Bezzina, qui couvre l'affaire pour huit médias nationaux et internationaux, et non des moindres : RTL, *Le Parisien*, *Le Figaro*, *France-Soir*, *Le Quotidien de Paris*, l'AFP, Associated Press et *Le Journal du Dimanche*...

Huit médias différents. Huit fois la même information, puisée à la même source. Comment le lecteur pourrait-il douter de la véracité des informations ? La répétition fait foi. Mais elle ne fait pas forcément une vérité.

Les deux hommes, le policier et le journaliste, vont se découvrir un intérêt commun. C'est le système des vases communicants. Le policier utilise la pression médiatique pour faire surgir la vérité. Le journaliste, lui, est en situation d'exclusivité et recueille des infos de première main qu'il vend huit fois. En outre, les deux hommes partagent la même conviction. Leur religion est faite : Christine Villemin n'est pas innocente. Pour eux, la messe est dite.

Dès lors, les autres journalistes se voient exclus de l'enquête. Tout est verrouillé. Laurence Lacour se souvient que l'hôtel de police est clos, au propre comme au figuré. Le SRPJ de Nancy donne ses infos au journaliste de référence, Bezzina. Les autres recopient, décalquent, délayent.

C'est Bezzina qui annonce, sur RTL, le basculement de l'enquête. Il a une avance de vingt-quatre heures sur l'acte de procédure. Le scoop avant le scoop. Quelle aubaine ! Le flash est une sacrée exclusivité :

« C'est en effet demain, autour de 14 heures, que le juge Lambert va notifier aux parents de Grégory d'abord, à Bernard Laroche ensuite, qui demeure toujours inculpé de l'assassinat du petit garçon, les conclusions des deux experts en écriture. Mais chacun sait déjà que, pour les experts, c'est Christine Villemin qui a probablement écrit la lettre revendiquant l'enlèvement et le meurtre de l'enfant. »

Le flash RTL est tombé dimanche en fin de journée. Christine et Jean-Marie Villemin l'entendent dans leur voiture. Ils viennent de passer le dimanche en famille. Il est 20 heures. Ils écoutent et sont sidérés. Le ciel leur tombe sur la tête. Christine pousse un cri. Jean-Marie s'agrippe au volant. Pour eux, le cauchemar recommence. Christine craque. Elle est enceinte depuis peu, mais personne n'est au courant. Or elle est prise d'un malaise et commence à perdre du sang. Son mari l'allonge sur la banquette arrière, la conduit chez un médecin puis à l'hôpital. Christine Villemin est admise à la clinique de la Roseraie, à Épinal. C'est là, sur son lit, que le juge Lambert vient le lendemain lundi lui signifier sa mise en examen. Car les expertises la désignent comme l'auteur possible des lettres. Aux dires des experts, son écriture, comparée à toutes les autres, « présenterait le moins de discordances avec celle du message ».

Curieusement, le malaise de la jeune femme est très mal perçu dans l'opinion publique. Est-ce une manœuvre ? Une simulation ? Pourquoi est-elle enceinte si peu de temps après la mort de son fils ? Est-elle cynique ? Indifférente ? Ou, plus simplement, coupable ? Les gens bavardent. Jugent. Ils pensent que Christine Villemin est indifférente à la disparition de Grégory.

Pour cette femme, c'est le début d'une spirale infernale. Elle est un assassin désigné d'office. Il n'y a pas d'éléments à charge, pas de preuves, mais l'imagination galope. L'opinion se fabrique, à petites touches, un coupable idéal. C'est un mécanisme qu'on connaît, qui relève de la psychologie de masse. C'est aussi un mécanisme très dangereux.

Car, une fois prise dans la tourmente, Christine Villemin voit se retourner contre elle tout ce qu'elle fait ou dit. Tout est à charge. Imaginez, dans les bistrots de la région... Elle est enceinte ? C'est qu'elle se fiche de la mort atroce de son enfant. Elle a un malaise ? C'est qu'elle veut faire diversion ou, pire, l'intéressante. Elle n'avoue pas. Elle est donc un cœur de pierre, calculatrice, cynique, sans conscience. On fabrique ainsi un profil parfait de mère monstrueuse.

Me Garaud, l'avocat des Villemin, le ténor de la légitime défense, a beau pointer la torture morale à laquelle la jeune femme est soumise, rien n'y fait. Son état de santé se dégrade ? Et alors ? Me Garaud n'est pas entendu. Il tonne :

– Ma cliente est en clinique. L'assassin doit se réjouir de tout le mal qu'elle a subi ! C'est un beau résultat !

Il est outré. Il y a de quoi. Sauf, évidemment, si Christine Villemin est coupable...

Les gendarmes, eux, sont amers. Ils ont été désavoués par le juge. Ils l'acceptent mal. Sesmat a beau jeu de souligner les incohérences :

– La question des expertises et surtout des experts reste pour moi un mystère. Comment des personnes spécialisées, très pointues dans leur domaine, peuvent-elles aboutir à des conclusions radicalement opposées ? Je ne le comprends toujours pas.

L'expert Alain Busquet se défend :

– Nous avons fait notre boulot en conscience. Nous n'avions aucun intérêt à désigner A plutôt que B. On nous a fait passer pour des bons à rien. Cela a été dit dans la presse. Quand on fait sérieusement son travail, tout de même, ce n'est pas très plaisant... La solution de facilité, pour nous, était de dire que Laroche était l'auteur des lettres, puisqu'il était déjà mis en cause par ailleurs !

Pour Jean-Marie Villemin, la suspicion croissante qui pèse sur sa femme est insupportable. Il va à la clinique, on le filme. Il va à l'épicerie, on le suit. Le jeune homme fluet, au visage juvénile, cède la place à un homme fragile, fébrile, aux traits creusés, à l'œil sombre. C'est un spectre qui va et vient et remâche inlassablement la même souffrance. Qui se mue en haine. Isabelle Baechler :

– Plus on le voit, plus on pense qu'il peut faire des bêtises. On le sent de plus en plus dépressif et très agressif.

Visiblement, il rumine quelque chose. Les journalistes recueillent ses propos :

– Je connais l'assassin et je le tuerai !

Ces mots font la une des journaux. Même s'il ne s'agit que d'une bravade, la menace devient réelle dès qu'elle est dans les gazettes. Elle prend du poids. Cette publicité malsaine force l'auteur à passer à l'acte. À force de charger Laroche, on attise le feu.

Jean-Marie Villemin est décrit dans son environnement social et professionnel comme un individu qui ne doute jamais. Il avance avec certitude dans la vie, et ne se trompe pas. Pourquoi se tromperait-il, à présent ? D'autant qu'il ne lit rien dans les journaux, n'entend rien dans la bouche de ses « amis » journalistes qui puisse le calmer. Toutes les conditions sont réunies pour un drame sanglant. Il suffit d'attendre.

Pendant ce temps, Bernard Laroche, lui, est serein. Philippe Jéchoux, le reporter de *La Liberté de l'Est*, le rencontre. Il le prévient :

– Villemin gronde. Fais attention à toi...

Pourquoi Laroche ne prend-il pas le large, ne déménage-t-il pas ? Sur le ton monocorde qui est le sien, l'intéressé répond :

– Partir ? Pourquoi ? J'ai la conscience tranquille.

S'agit-il du courage d'un inconscient ? De la résignation d'un borné ? Du défi d'une bravache ? Pourtant, il s'est bien rendu en Bourgogne, chez des proches, à sa sortie de prison. Pourquoi n'y est-il pas resté ? Pourquoi cette médiatisation excessive ne l'a-t-elle pas mis en garde ? Certains déplorent qu'il n'ait pas voulu voir à quel point les images de son bonheur familial retrouvé pouvait paraître comme une provocation. Surtout aux yeux des Villemin.

Jean-Marie Villemin, de son côté, bout. Le harcèlement judiciaire dont sa femme est l'objet lui paraît inique. L'acharnement d'une partie de la presse lui semble affreux. Il couve sa vengeance. Personne ne le retient. Mieux : l'irresponsabilité des acteurs du drame va le pousser. C'est comme si on avait armé son bras.

Chapitre 6

LE DEUXIÈME MORT

29 mars 1985, 13 heures. Bernard Laroche quitte l'usine Ancel de Granges-sur-Vologne, où il fait les trois-huit. Sur les collines d'Aumontzey, Jean-Marie Villemin le guette. Quand il voit la voiture s'approcher, il se poste devant le garage. Quand Laroche descend de voiture, il voit à peine Villemin, le fusil en main. Il tente de discuter. Mais Villemin dit quelque chose, puis presse la détente. Une balle en pleine poitrine. Laroche s'écroule devant son épouse, sous les yeux de son fils. L'irréversible a été accompli. Le sang a coulé.

Plusieurs années plus tard, en 1993, lors du procès aux assises de Jean-Marie Villemin, Marie-Ange Laroche sera amenée à raconter ce qui s'est passé ce jour-là. Le président de la cour demande :

– Faites-nous le récit de l'assassinat de votre mari.

Marie-Ange Laroche, noyée dans un gros manteau trois-quarts fourré, fait triste figure. Le visage défait, derrière ses lunettes elle pleure. Elle répond qu'elle voudrait d'abord parler un peu de Bernard, dire comment il était, décrire leur couple...

– On travaillait tous les deux. On était heureux...

Elle évoque des moments difficiles. Leur fils a été malade : Sébastien, né la même année que Grégory, a été victime d'un kyste rachidien. Il porte une valve et un cathéter. Elle affirme :

– On a voulu faire passer mon gamin pour un débile. C'est faux.

Elle espère répondre ainsi à ceux qui ont écrit que l'assassinat de Grégory aurait eu pour mobile la jalousie d'un père aigri. Il se serait vengé de la bonne santé et de la vitalité de l'enfant de l'autre, le « chef », celui à qui tout réussit. Elle reprend :

– Nous avons été très touchés par la mort de Grégory. Je suis mère. Et on nous a traînés dans la boue...

Elle est émue. Elle aborde enfin le récit de la mort de son mari.

– Ce jour-là, j'étais allée le chercher à la sortie de l'usine. Il finissait à 1 heure de l'après-midi. Nous sommes descendus de voiture pour ouvrir la porte du garage. On a entendu un bruit. Je me suis retournée. J'ai vu Villemin avec un fusil.

Je me souviens qu'il a dit : « C'est de ta faute s'ils sont tous sur Christine... » Bernard a essayé de le retenir. Il disait : « Pose ton fusil, on va discuter. Je te comprends, Jean-Marie, mais je te jure que je n'ai pas tué ton fils ! »

Marie-Ange reprend son souffle. Elle essuie ses larmes.

– Ce jour-là, Jean-Marie n'était pas excité. Il était déterminé à tuer. Quand mon frère Lucien est descendu de la maison avec Sébastien, mon gamin, il l'a menacé. J'ai fait un pas de côté... J'ai même pas entendu le coup de feu. Sébastien s'est mis à hurler : « Papa ! Papa ! » Du sang avait giclé sur son pull... Je ne peux pas dire combien de temps Bernard a agonisé comme ça, sous nos yeux...

Les sanglots étouffent sa voix. Marie-Ange Laroche suffoque. La salle est silencieuse. On n'entend que la respiration douloureuse de la jeune femme. Dans le box, traits crispés, l'œil fixe, Jean-Marie Villemin semble résolu à ne jamais la regarder. Elle dit enfin :

– Je venais juste d'apprendre ce jour-là que j'étais enceinte de mon deuxième enfant.

Un moment plus tard, elle ajoute :

– Huit ans ont passé et Sébastien, mon fils, n'arrive toujours pas à dire de quoi est mort son père.

Dans le prétoire, l'émotion cède alors peu à peu le pas à la sécheresse du débat juridique. Les avocats de Jean-Marie Villemin soumettent Marie-Ange au feu roulant de leurs interrogations. Les contradictions de cette femme sont nombreuses, et flagrantes. Dans ses premières déclarations, elle aurait d'abord mis en cause des cousins éloignés des Villemin. Puis elle aurait aussi téléphoné depuis une cabine pour orienter les recherches vers l'un des frères de Jean-Marie. Elle aurait également suggéré de soumettre à la dictée un neveu, alors âgé de douze ans... À toutes ces questions, Marie-Ange Laroche ne donne que des réponses ambiguës, peu claires. Et finit par livrer un argument rodé par sa sœur Muriel :

– Ce sont les gendarmes qui m'ont influencée. Moi, je voulais juste aider...

Dès lors, l'audition prend un tout autre tour. Les avocats de Villemin évoquent les secrets de famille. Il y a, comme dans toutes les familles, des histoires de coucheries, réelles ou imaginaires ; des ragots, colportés de bouche à oreille dans tout le clan. Me Garaud cite des propos très crus, salaces, tenus par certains témoins. Il déballe ce qu'on croit savoir des rapports intimes du ménage Laroche. « Nous étions heureux ? » Les jurés, choqués par ce déballage, découvrent que Bernard Laroche n'était peut-être pas si heureux chez lui et qu'il allait sans doute chercher « des satisfactions ailleurs ».

En sortant, Marie-Ange Laroche résume ce moment pénible passé devant les assises :

– On me l'a tué physiquement. On veut me tuer moralement.

Il y en a donc, de ces fameux secrets de famille ? Des vrais, des faux ? Et quel est cet autre secret qui a tant occupé les enquêteurs et la presse après le meurtre de Laroche ?

Le jour de ce meurtre, le 29 mars, Jean-Marie Villemin a passé toute la matinée dans la chambre de sa femme, à la clinique de la Roseraie. Il y est arrivé, dit-on, entre 9 heures et 9 h 30. Il est reparti vers midi. Mais ce matin-là, la patiente a reçu une autre visite... celle de la nourrice de Grégory. Selon Christine Villemin, la jeune femme lui rapporte qu'elle a encore été interrogée par les policiers et qu'elle soupçonne ces derniers de chercher à influencer les témoins. Christine dira aussi que son mari l'a quittée à midi, en effet, avec l'intention d'aller demander à leurs voisins s'ils n'ont pas été soumis à la même pression.

En réalité, Jean-Marie Villemin s'est rendu à Bruyères, a récupéré discrètement son arme et pris la route d'Aumontzey. Pour tuer Bernard Laroche. Il semblerait aussi qu'il soit passé à la gendarmerie, pour se faire répéter une fois encore les charges et les soupçons des enquêteurs. Ce fait ne sera jamais confirmé par les gendarmes, mais ne sera jamais démenti non plus.

Lorsque Laroche a été remis en liberté, deux mois plus tôt, Villemin n'a pas caché sa colère. Chacun se souvient de ses menaces :

– Que la justice trouve l'assassin, sinon c'est moi qui ferai le boulot !

Bien peu se souviennent aussi de la suite de sa phrase :

– Que la justice me démontre que Laroche n'est pas le meurtrier et j'irai lui serrer la main !

Du coup, une question se pose. Cinquante jours après la libération de Laroche, sa culpabilité n'est plus aussi évidente. Comment se fait-il que Villemin, si longtemps après, soit encore aussi persuadé de tenir l'assassin de son fils ?

Le juge Lambert, lui, n'est plus aussi certain de cette culpabilité. Sinon, évidemment, il n'aurait pas remis Laroche en liberté. Le petit juge justifie sa décision dans une interview accordée à Lucien Miard, du *Figaro*. Il y explique que, fin novembre, il a commencé à douter de la fiabilité du témoignage de Muriel Bolle. Il dit que le chauffeur du car n'a pas bonne mémoire. Celui-ci affirmait que le 16 octobre, jour du crime, la collégienne n'avait pas pris le car de ramassage scolaire... Est-il crédible ?

– J'ai testé le témoin à l'aide d'une question.

« Et le mardi 23 octobre, était-elle dans le car ? – Oui, je suis formel, elle y était. » Mais c'était faux. Entre le mardi 23 et le vendredi 26 octobre, Muriel était malade. Le directeur du collège de Bruyères l'a confirmé.

Bref, il faut tout vérifier. D'ailleurs ce n'est pas parce que Muriel n'était pas au collège qu'elle ne se trouvait pas dans le bus, même malade. Chaque détail compte. Le juge écarte aussi les témoignages des autres élèves : ils sont incertains, dit-il, quant à la date et au lieu. L'une des filles du car est d'ailleurs revenue sur ses déclarations.

Mais, entre l'événement et les dépositions, il s'est écoulé trois semaines. C'est long, trop long. Qui se souvient avec certitude de ce qu'il a fait trois semaines auparavant ? L'ennui, c'est que les explications du juge ne sont pas plus claires. Devant les assises de la Côte-d'Or, à Dijon, lors du procès Villemin, il revient sur ce point :

– Lorsque Muriel a été interrogée, elle a déclaré avoir pris son car scolaire habituel. Elle a décrit le chauffeur, c'était celui de tous les jours. Or le chauffeur avait changé ce jour-là... Du coup, on y a vu un mensonge.

Mais, monsieur le juge, si le chauffeur est nouveau, les passagers le sont aussi pour lui. Comment peut-il repérer qu'il en manque un ? Et pourquoi faire des tests de mémoire ? On frôle l'absurde le plus total. Mais l'embrouillamini continue. Lors de son audition du 2 novembre 1984, Muriel Bolle a donné devant les gendarmes trois itinéraires différents de son périple dans la voiture de Laroche entre Lépanges et Docelles, le jour du drame. Itinéraires fantaisistes, ou impossibles dans le temps imparti. Cette lacune semble avoir tellement troublé les enquêteurs que l'un d'eux devra reconnaître avoir triché et avoir établi de sa main, au moins en partie, le « bon » itinéraire. Autrement dit, la pièce est irrecevable. De plus, il semble que la prolongation de la garde à vue de la jeune fille ne se soit pas déroulée selon les formes procédurales normales. La décision n'a pas été soumise au magistrat instructeur.

Le juge Lambert évoque le comportement de Laroche :

– Un homme qui a toujours présenté le même profil psychologique. Je ne l'ai jamais vu s'énerver. C'est moi qui lui ai porté son ordre de mise en liberté. Il est resté indifférent.

Il y a eu la deuxième expertise graphologique. Elle a été organisée après l'annulation de la première, par la chambre d'accusation de la cour d'appel de Nancy. Ce deuxième examen dément que Laroche ait été l'auteur des lettres anonymes. Neuf personnes ont été soumises à cette nouvelle épreuve : les époux

Laroche ; les Villemin ; Jacky, le demi-frère de Jean-Marie ; Liliane, l'épouse de Jacky ; le père de Liliane ; un cousin dont l'identité n'a pas été révélée…

Il y a aussi le fait que les horaires de Laroche au travail ne pouvaient lui permettre de passer des centaines de coups de téléphone. Il n'est donc pas le corbeau. Encore un détail, connu dès les premières déclarations du suspect, et vérifié bien plus tard par le SRPJ de Nancy : Laroche s'est trouvé disponible le 16 octobre vers 17 heures uniquement parce qu'un de ses camarades de travail avait oublié le rendez-vous qu'ils avaient ensemble à 16 h 30 pour aller acheter cent cinquante bouteilles de vin. Il s'agissait d'une promo au supermarché Champion de Bruyères. Si le gars avait été ponctuel, en aucun cas Laroche n'aurait pu effectuer le parcours et tuer Grégory.

Oui, mais si l'acte n'avait pas été prémédité ? Questions, questions…

Enfin, fait observer Denis Robert de *Libération*, l'individu qui a posté la lettre de revendication au plus tard à 17 h 15 à la poste de Lépanges devait avoir la certitude de trouver l'enfant seul, au-dehors, afin de l'enlever sans être vu. Comment Laroche pouvait-il être sûr, à l'avance, que Grégory serait là ?

Exposant ces divers éléments, le magistrat fait part aux journalistes de ses doutes. Et demande :

– Devais-je alors maintenir Bernard Laroche en prison ?

Évidemment non.

La décision est cependant étrange. Car comment justifier la mise en liberté de Laroche, tout en maintenant son inculpation ? Denis Robert titre, dans *Libération* : « Laroche suspecté d'innocence ». Les lecteurs ne comprennent pas. L'opinion publique ne comprend pas. Soit Laroche est coupable, et sa place est en prison. Soit il est innocent, et il est normal qu'il soit libéré. Mais cet entre-deux est bizarre. C'est dans ce flou que la colère de Villemin s'est alimentée. Il est impossible de concilier les deux états, coupable et innocent. Jean-Marie Villemin a résolu la contradiction à sa manière : d'un coup de fusil.

La presse, elle, s'attache à mettre en lumière une autre question. Que s'est-il passé durant ce très long tête-à-tête de trois heures, dans la chambre de la clinique de la Roseraie, le matin du 29 mars ? Qu'est-ce que Christine et Jean-Marie Villemin ont pu se dire ? Des secrets soigneusement enterrés ont-ils été mis au jour ? Des aveux ont-il été faits ? Des confidences ? Dans l'atmosphère de siège, la situation de ce couple n'est-elle pas étrange ? Confrontés à l'hostilité générale, les Villemin ont-ils mis les choses au clair, dans l'intimité de la chambre ? Les spéculations vont bon train. Elles sont abondamment relayées. D'autant plus volontiers qu'elles confortent la nouvelle théorie du juge d'instruction : Christine Villemin est désormais suspectée de l'assassinat de son fils. Du coup, elle en devient l'instigatrice de l'expédition punitive contre Laroche. Elle serait, en fait, la mauvaise fée.

Le raisonnement est le suivant : si elle a pu pousser son mari à abattre Laroche, elle est aussi capable d'avoir tué son fils, n'est-ce pas ? Limpide. Mais totalement aberrant. Les rumeurs, hélas, ne s'arrêtent pas. La logique n'a rien à faire dans cet emballement.

Pour étayer la prétendue culpabilité de Laroche, on le présentait comme un jaloux obsessionnel et névrosé. Jaloux de la réussite du « chef », jaloux de la maison des Villemin, jaloux de la bonne santé de leur enfant Grégory. Mais voilà : cette thèse ne résiste pas à l'examen. Car Laroche n'est pas propriétaire d'une maison, mais de deux ! Il n'a donc aucune raison d'être jaloux de gens qui sont moins fortunés que lui ! Et il n'a jamais exprimé la moindre rancœur concernant l'état de santé de son fils par rapport à celui de son cousin !

Dès que les faits sont regardés de près, ils s'émiettent. Le travail d'enquête aurait dû mettre en évidence, rapidement, toutes ces lacunes, ces invraisemblances, ces trous. Mais on a laissé filer.

Maintenant qu'il s'agit de faire de Christine Villemin la coupable, le même procédé est employé. On dresse le portrait d'un monstre cynique, une femme calculatrice, une perverse manipulatrice. L'imagination se débride... La tactique marche.

Certains commentateurs mettent en avant les propos tenus par Bernard Laroche peu après sa sortie de prison, dans une interview exclusive donnée au *Figaro*. Il déclare :

– Je ne veux accuser personne. Mais je pense à quelqu'un. Et ce, dès le premier jour. J'y pense toujours...

Ceux qui piochent dans ces citations enchaînent sur une autre question : et si on avait assassiné Laroche pour le faire taire ? Que savait-il, ce silencieux ? À l'appui de leur thèse, les accusateurs soulèvent la thèse de la conspiration. Comme d'habitude. Que ce soit l'assassinat de Kennedy, la disparition du Père Noël ou l'épidémie de la vache folle, c'est pareil. C'est un complot. Et, de nouveau, les détails plus ou moins imaginaires défilent : on aurait aperçu une deuxième voiture près de celle de Jean-Marie Villemin, lors du meurtre. L'expert ayant désigné Christine Villemin comme corbeau a été l'objet de menaces. On lui aurait dit, au téléphone :

– Laroche t'avait acheté, tu as vu ce qui lui est arrivé. Il va t'arriver la même chose.

Ce serait Jean-Marie ? Impossible. Car au même moment, celui-ci se constituait prisonnier. Et sa femme n'a pas encore dévoilé ce que son mari et la victime ont échangé, comme propos sur l'« achat des expertises ». Selon le récit de Jean-Marie, Laroche l'aurait nargué en prétendant avoir corrompu les experts. Dans quel but ? Dans celui de charger Christine.

De fait, après avoir tiré sur Laroche, Jean-Marie Villemin, dissimulant son regard derrière des lunettes noires, a foncé à Épinal au volant de sa voiture. Là, à la clinique, il a fait irruption dans la chambre de Christine :

– J'ai fait une connerie. J'ai tué Laroche.

– C'est pas vrai, t'as pas fait ça ?

Sa femme est stupéfaite. Une infirmière, présente à ce moment-là, confirme.

Puis Jean-Marie a téléphoné à la gendarmerie pour avouer son geste et se constituer prisonnier. On lui a conseillé de s'adresser au commissariat. À 14 heures, il se livrait là.

Seulement, le récit que fait Jean-Marie Villemin à sa femme est différent, très différent. Le face-à-face avec Laroche a été, selon lui, tout autre. La version rapportée par Marie-Ange Laroche est, dirait-on, une œuvre de pure imagination. Christine Villemin n'a pas donné la même version des faits à Laurence Lacour, sur Europe 1, dès le lendemain du crime.

Ce jour-là, en effet, Christine Villemin cherche à joindre la journaliste. Celle-ci la rappelle et leur entretien, à la clinique, donne lieu à un enregistrement. Les deux femmes se connaissent : elles se tutoient. Elles ont le même âge et, en six mois de fréquentation assidue, des liens se sont tissés. Laurence Lacour demande :

– Est-ce que ça va ?

– Pas trop bien. Je ne pensais pas qu'il allait faire ça.

Christine Villemin a des larmes dans la voix. La journaliste reprend :

– Il ne t'en a pas parlé, hier ?

– Non.

La voix est à peine audible. Puis, plus nette, elle ajoute :

– Je ne sais pas ce qui lui a pris. Il voulait juste voir Laroche pour parler. Il devait revenir à 2 heures... Il est revenu. Il hurlait : « J'ai tué Laroche ! J'ai tué Laroche ! » Je lui ai demandé : « Pourquoi ? » Jean-Marie m'a répondu : « Il se foutait de moi. Il m'a dit que c'était bien fait ! »

– Laroche s'est moqué de lui ?

– Oui. Jean-Marie lui a dit : « On doit parler tous les deux. – On n'a rien à se dire », a répondu Laroche. « Et le témoignage de Muriel, qu'est-ce que tu en fais ? – Je ne sais pas pourquoi elle a raconté ça », a dit Laroche... Et ils en sont venus aux expertises. Alors Laroche lui a dit : « Les expertises, on les a payées pour enfoncer ta femme ! »

En larmes, Christine Villemin cherche son souffle. Elle continue :

– Jean-Marie m'a dit : « Il se foutait de ma gueule. » C'est là qu'il a tiré. Jean-Marie est tombé à genoux devant moi, là, et il m'a dit : « Je t'aime beaucoup. Attends-moi... »

Même si dans le récit de Christine, on ne trouve plus la phrase « j'ai fait une connerie », ces mots ont été prononcés. Devant témoin. C'est bien ainsi que le procureur de la République, Jean-Jacques Lecomte, considère lui aussi le geste de Villemin. Il l'a d'ailleurs dit à ce dernier :

– Maintenant, vous ne saurez jamais... Vous ne saurez jamais la vérité sur la mort de Grégory. Oui, vous avez fait une connerie !

Jean-Marie Villemin tentera d'expliquer son geste. Il cherchera ses mots. Il retournera des phrases dans sa tête. Puis il dira :

– J'avais du chagrin dans les veines.

Le soir de la mort de Laroche, à l'hôtel d'Épinal où ils sont logés, les journalistes s'autorisent un dernier verre morose. L'ambiance est lourde. Nul ne pavoise. Profil bas. Il y en a qui craquent. Les plus jeunes feront des cauchemars longtemps après. Pas fière, la presse, ce soir-là. Un reporter pleure, seul, dans sa voiture. D'autres dépriment sec. Après tout, les journalistes ont poussé à la roue.

Mais les plus cyniques se déchargent en accablant Christine Villemin. Si Laroche est mort, c'est sa faute, à cette sorcière. Selon eux, elle a manipulé son mari. Elle a armé sa main. Elle a pointé le canon. Elle n'a pas appuyé sur la détente, mais c'est tout comme.

L'opinion publique est horrifiée. Il y a donc un « drame dans le drame », ainsi que le dit le procureur. Il a raison, le procureur : après la mort de Laroche, l'espoir de connaître la vérité s'amenuise. Le lendemain, *Le Figaro* résume l'état d'esprit général : « De certitudes en coups de théâtre, d'inculpation en disculpation, de témoignages en suspicion, l'affaire Grégory s'enfonce un peu plus dans l'ombre... »

Dans l'ombre, oui. Mais aussi dans la démesure et l'irrationnel. La nuit qui suit la mort de Laroche, la clinique de la Roseraie sera victime de deux alertes à la bombe. Fausses, heureusement.

La vérité s'éloigne. Le sensationnel surnage. Laroche est photographié sur son lit, mort. Marie-Ange est assise à son chevet. Le cliché fait la une de *Paris Match*. Il paraît en double page couleurs dans *Le Figaro Magazine*. En noir et blanc dans *Confidences*.

Les états d'âme de certains journalistes n'auront duré qu'une minute. Le coup de blues, dans un hôtel de province, est déjà oublié.

Chapitre 7

CORDELETTES ET COSTUME MENTAL

Christine Villemin a toujours été suspectée par certains. Dès le début de l'enquête. C'est irraisonné, mais pas impossible. La proie est facile, évidente. Les statistiques parlent d'elles-mêmes.

Aussi, lorsque le couple Villemin a été entendu durant neuf heures, ce vendredi 21 mars 1985, les rumeurs ont enflé. Les enquêteurs du SRPJ de Nancy n'ont pas la tâche facile : ils reprennent tout un mois et deux jours après que le juge Lambert a repris le dossier aux gendarmes. Selon le dicton inepte comme quoi « il n'y a pas de fumée sans feu », les bonnes gens du coin se laissent convaincre. Ou se convainquent eux-mêmes. Ce n'est plus du raisonnement, c'est de l'intoxication. Rien de rationnel, là-dedans. Christine Villemin devient la Médée de la Vologne, le monstre infanticide.

Dans le cabinet même du petit juge, un

journaliste ne craint pas de lancer, à l'adresse du magistrat, sur un ton injurieux :

– Quand est-ce que tu l'inculpes, cette salope ?

Jacques Expert, journaliste à France-Inter, est témoin de la scène : il est médusé. Comment le juge n'a-t-il pas maintenu la distance – ni la sérénité – suffisante entre lui et la presse ? Pire : dans les premiers moments de l'instruction, ne l'a-t-on pas vu dîner au restaurant en compagnie d'une quinzaine de journalistes, comme un roi avec sa cour ? Bien sûr, il leur demandait de garder pour eux les confidences échangées. Mais c'est mal connaître la presse... Un secret ne le reste jamais. On a aussi vu le juge Lambert dîner en tête à tête avec le reporter de *Paris Match*, Jean Ker, l'ami du couple Villemin.

Le vent a tourné. Maintenant, c'est la mère de Grégory qui est la cible. Elle est également dans le collimateur du SRPJ de Nancy. Les policiers remettent au magistrat un rapport de synthèse : vingt-cinq feuillets serrés, où toutes les hypothèses sont évoquées et soupesées. On peut y lire pourquoi aucune des autres personnes plus ou moins suspectées – dont Laroche lui-même – ne peut avoir enlevé ou tué le petit Grégory. Il semblerait, d'après ces pages, qu'aucune charge n'existe contre ces personnes. Elles ont des alibis solides, et aucun mobile sérieux n'émerge pour celles dont l'emploi du temps est vacillant.

S'appuyant sur un faisceau de présomptions, le rapport cherche alors à démontrer pourquoi Christine Villemin resterait le seul suspect possible. Le témoignage des filles de la poste est incontournable. Les nouvelles expertises graphologiques désignant la mère de l'enfant « à 80 % » comme étant le corbeau ne peuvent être ignorées. Tout converge vers Christine Villemin.

Le témoignage des collègues de Christine a été recueilli le 28 octobre 1984, mais il n'a été révélé au juge que beaucoup plus tard. Les enquêteurs du moment estimaient que ces dépositions ne cadraient pas avec l'allure générale de l'enquête. La piste prioritaire menait à Bernard Laroche. Le juge Lambert n'a donc pas été informé, semble-t-il, des dires des trois filles déclarant avoir reconnu Christine devant la poste. Ni du quatrième témoignage, qui rapporte que la jeune mère a été vue tournant à gauche en sortant de l'usine alors qu'elle aurait dû tourner à droite pour se rendre directement chez la nounou de Grégory.

Quant aux dernières analyses d'écriture, le juge n'ignore pas que de telles expertises ne peuvent, à elles seules, avoir valeur de preuves devant la cour. Elles doivent être confortées par d'autres éléments concrets. D'autant plus que les analyses précédentes disaient tout autre chose.

Or, justement, les policiers font état d'un

élément matériel qui va peser très lourd dans l'intime conviction du juge : l'expertise des cordelettes. Celles-ci entravaient les poignets, les chevilles, les jambes et le cou de Grégory. D'où viennent-elles, ces cordelettes ? Nul ne le sait. Dans la région, les filatures sont légion. Il semble donc impossible de retrouver, parmi des milliers de pelotes, l'origine d'une cordelette aussi banale. C'est la proverbiale aiguille dans une meule de foin.

Mais le travail de police est fait de patience, de petits détails, de minutie. Ce que les gendarmes n'avaient pas accompli, les policiers, plus professionnels, le réussissent. Ils dénichent dans la maison même des Villemin des morceaux de cordelette, identique à celle qu'on a trouvée sur le corps de Grégory. Jean-Marie lui-même aurait constaté :

– Ça ressemble aux entraves du gosse.

Dès lors, la machine s'emballe. Les divers morceaux de cordelette sont soumis aux analyses et à l'appréciation des experts. Et la conclusion, impitoyable, tombe : les liens du crime proviennent de la maison même des parents de Grégory. Les cordelettes sont identiques.

Le magistrat reçoit donc un élément crucial. De surcroît les enquêteurs lui apportent d'autres indices. Après avoir fait expertiser à nouveau les écrits du corbeau, les policiers se sont penchés sur les appels téléphoniques anonymes. Il est grand temps. Pourquoi ces appels ont-ils été délaissés jusqu'à maintenant ? Ce sont des indices précieux, d'autant plus importants que certaines victimes ont pris la précaution d'enregistrer la voix, la fameuse voix. Les premières analyses n'ont rien donné. Au début, on croit percevoir deux voix, celle d'un homme et celle d'une femme, mais impossible de tout démêler. Les policiers épluchent en détail les factures téléphoniques de plusieurs lignes, dont celle des Villemin. Enfin ! Ce qui aurait dû être le premier geste des gendarmes est effectué avec plusieurs mois de retard. C'est une clé importante : si le corbeau est ainsi identifié, tout va s'éclaircir.

Les policiers constatent alors que la note téléphonique des Villemin a significativement augmenté pendant la grande période d'activité du corbeau. Elle a été multipliée par quatre. Elle est passée de cent cinquante à six cents francs. Christine Villemin se justifie :

– À ce moment-là, je cherchais une voiture d'occasion. Je téléphonais beaucoup.

Cette explication ne convainc guère les policiers, évidemment. Car elle est peu plausible. On observe alors que les époux Villemin ne se sont jamais trouvés ensemble lors des coups de téléphone du corbeau. Donc, la conclusion s'impose : soit c'était Jean-Marie, à la maison, qui recevait les menaces ; soit Christine. Mais jamais les deux ensemble. Toutes les hypothèses, alors, sont ouvertes...

Les policiers notent aussi que, le soir de l'enlèvement, le corbeau n'a pas appelé directement le père de l'enfant sur son lieu de travail, mais il (ou elle) a préféré composer le numéro de son frère Michel. Cette forme de prudence ne tiendrait-elle pas au fait que le corbeau avait peur d'être reconnu, au son de sa voix, par Jean-Marie... ?

On le voit, l'imagination galope. Car on voit mal un corbeau téléphoner au standard de l'usine Ancel et demander : « Puis-je parler au contremaître Villemin ? C'est pour lui faire des menaces... » Dans cette hypothèse, il aurait été obligé de décliner une identité, d'être filtré par une standardiste...

Les enquêteurs retournent cette histoire de voix dans tous les sens. Ils veulent tirer le maximum de cet indice. Ils demandent à deux experts en audiométrie d'analyser cinq cassettes enregistrées par diverses victimes. Encore une fois, c'est un travail qui aurait dû être fait depuis longtemps, c'est la base d'une enquête. Les victimes, ici, sont : l'un des frères de Jean-Marie ; ses parents ; les Villemin. Les experts sont formels. Sur les cinq cassettes, c'est la même voix. L'une des bandes magnétiques intrigue particulièrement le juge. Il s'agit d'un enregistrement du corbeau réalisé par Christine

Villemin à l'intention de son mari. Mais pour les spécialistes, ce serait un message enregistré « de vive voix », et non par le biais d'un téléphone. Comment être sûr, cependant ? La voix du « corbeau » est trop déformée pour qu'on puisse l'attribuer à un homme ou à une femme. Il manque, en plus, un point de comparaison : la voix de Christine n'intervient jamais pour interrompre le corbeau ou lui répondre. En outre, un bruit de fond se fait entendre. Un enfant ?

Les policiers évoquent également les témoignages de deux voisins des Villemin, qui mettent en doute la présence de Christine chez elle à l'heure du crime. L'un des voisins, qui faisait prendre l'air à son chien, nie avoir vu la jeune femme :

– Ce jour-là, je promenais mon chien. Je suis passé devant la maison des Villemin entre 17 heures et 17 h 15. Je n'ai vu ni Christine, ni Grégory, ni la R-5. Si Grégory avait été là, il se serait précipité comme d'habitude pour caresser Jimmy, mon dalmatien.

Christine Villemin prétend avoir rencontré un autre voisin, alors qu'elle cherchait Grégory. Ce témoin, interrogé, dément.

Reprenons. Ce 16 octobre, Christine Villemin dit avoir quitté son atelier des filatures de Lépanges à 16 h 55. Elle s'est alors rendue chez Christine Jacquot, la nounou qui garde le petit

Grégory après sa sortie de l'école maternelle, sortie qui a lieu à 16 heures. La nourrice habite un immeuble HLM dans la cité Le Gai Champ, où les Villemin vivaient en appartement avant de faire construire leur maison sur les hauteurs du village. Anciennes voisines, les deux Christine entretiennent des relations amicales ; ce jour-là, comme d'habitude, elles ont bavardé un bref instant, le temps que Grégory consente à interrompre une partie de ballon. Il a fini par monter en voiture. Christine et Grégory sont alors retournés à la maison :

– J'ai garé ma voiture. Je l'ai fermée. Je suis rentrée chez moi prendre un bonnet pour Grégory que j'avais laissé sur le tas de graviers devant la maison. Je me suis déshabillée. J'ai mis mes chaussons, et pour pouvoir repasser mon linge en musique, j'ai ouvert mon poste de radio. C'était le début de l'émission « Les Grosses Têtes » sur RTL.

Ce jour-là, l'émission a commencé à 17 h 03.

Il s'est donc écoulé huit minutes entre l'arrivée de la jeune femme chez la gardienne de l'enfant et la mise en marche de la radio. Le juge va s'appliquer à vérifier ce minutage extrêmement serré. La veille de Noël, il organise une reconstitution portant sur cette partie de l'après-midi. Il chronomètre les trajets. Pour que les faits et gestes de Christine Villemin tiennent en huit minutes, il estime qu'elle n'aurait pas dû s'arrêter chez la nourrice plus d'une minute et quatre secondes. Sinon, impossible qu'elle ait effectué tous les actes, dans la maison, tels qu'elle les a décrits.

La démonstration du juge est ténue. Mais il a raison de faire cette reconstitution, car certains éléments sont troublants. Ainsi, la nounou de Grégory se souvient que la maman est restée « un peu plus longtemps » en sa compagnie. Compte tenu de ce souvenir, le juge considère qu'il existe une zone d'ombre de dix minutes dans l'emploi du temps de la suspecte.

De plus, le fait que Christine Villemin n'ouvre pas les volets de la pièce où elle se trouve pour repasser, comme elle l'indique elle-même, trouble le magistrat. Le 16 octobre 1984, contrairement à la veille où il avait plu, le temps était ensoleillé. D'ailleurs, s'il avait fait mauvais, le petit Grégory ne serait certainement pas allé jouer dehors, et le voisin n'aurait pas promené son chien. La pièce où Christine dit avoir installé sa planche à repasser est exposée à l'ouest, donc du côté du soleil couchant.

Les policiers sont également intrigués par deux absences de la jeune femme à son travail, au cours des deux semaines qui ont précédé le drame. Qu'a-t-elle fait le 2 et le 8 novembre ? S'est-elle consacrée à une répétition du meurtre ? Une mise en scène ? La suspicion des enquêteurs se trouve renforcée par l'excuse fournie par Christine Villemin : elle prétend avoir été convoquée à la gendarmerie en raison des appels du corbeau. Or, à ce moment-là, la voix anonyme s'est tue depuis de longs mois. L'alibi est fragile, donc.

Mais l'argument peut être retourné facilement : si Christine préparait un crime, pourquoi aurait-elle mis dans le coup la gendarmerie, qui peut infirmer ou réfuter cet alibi très facilement ? Elle n'a en effet aucune chance de le voir confirmé s'il est faux. Si elle est coupable, elle a su, jusqu'à maintenant, être machiavélique. Pourquoi commettrait-elle une chose aussi sotte, brusquement ? La diabolique calculatrice serait doublée d'une niaise ? Impossible. Car, en effet, les gendarmes démentent qu'elle ait été convoquée. Son alibi tombe.

Pourquoi a-t-elle menti ?

– C'est vrai que j'ai dit ça. C'était seulement pour faire plus vrai.

L'explication, peu à peu, fait son chemin : et si Christine Villemin était une femme intelligente, animée par des bouffées délirantes, des moments de haine, des pulsions qui non seulement lui font perdre le contact avec la réalité, mais la rendent monstrueuse ? Elle serait donc machiavélique pour l'assassinat de son fils, et hésitante sur l'alibi. Un personnage incohérent, donc...

Les mots qu'elle a pu prononcer sont collectés, à charge. Huit jours après l'assassinat de Grégory, alors qu'elle n'était l'objet d'aucune suspicion particulière, elle a déclaré :

– Je sais qu'on me suspecte, mais les gens se trompent. Je ne craquerai pas tant que Laroche n'aura pas avoué.

Craquer de quelle façon ? Si elle n'est pas coupable, pourquoi craquerait-elle ? Encore une bizarrerie.

La police continue son travail de dentellière, avec minutie. Le puzzle se met en place. Ainsi, le soir de la disparition de son enfant, vers 17 h 30, elle est revenue chez la nounou et a confié alors à une amie :

– Ah, si tu savais ce que j'ai enduré depuis cinq ans ! Tu ne peux pas t'imaginer la vie que j'ai eue...

Quelle vie ? Quelles épreuves ? De quoi parle-t-elle ?

C'est donc sur ces bases que le 5 juillet 1985, fort de son intime conviction, le juge Lambert décide d'inculper Christine Villemin. Contre l'avis du procureur de la République.

Ce jour-là, vers 14 h 30, Christine Villemin part en compagnie de son frère à la prison de

Saverne pour rendre visite à Jean-Marie. Ce dernier attend son procès... Une heure plus tard, des policiers en civil s'approchent d'elle et l'appréhendent. Elle est conduite au palais de justice d'Épinal. Là, le juge Lambert l'inculpe. Me Thierry Moser rejoint l'accusée. Les policiers plastronnent, dans la salle d'attente. Certains se montrent arrogants. Les défenseurs de Christine Villemin – ils sont plusieurs avocats – prient les policiers de sortir. Ceux-ci obtempèrent « sans barguigner », précise Me Moser. Le juge fait alors introduire Christine et ses conseils dans son cabinet. Me Moser raconte :

– Le juge ne parvenait même pas à nous regarder dans les yeux. Il fixait le bout de ses chaussures.

L'entretien est bref. Le juge utilise alors des mots étranges pour inculper Christine Villemin :

– Je me lance. Je lève l'hypothèque. Je crève l'abcès. Madame, je vous inculpe.

C'est ridicule. Mais efficace : la mère de Grégory est conduite à la prison de Metz-Queuleu, dans le quartier des femmes enceintes. Il est alors 18 heures.

Me Garaud annonce la nouvelle à la presse, sur les marches du palais de justice. Il a le visage grave.

– L'irréparable vient d'être commis. Sans

preuve matérielle et contre les réquisitions du parquet, Christine Villemin a été inculpée d'assassinat. Je dépose immédiatement une demande de mise en liberté. Ce sera maintenant aux hauts magistrats de la cour d'appel de statuer. Au moment où cette mère, portant en son sein le frère ou la sœur de Grégory, est jetée en prison, remontent à ma mémoire les certitudes de l'avocat général de la cour d'appel de Nancy qui, le 7 décembre 1984, déclarait : « Laroche est le criminel vraisemblable. J'irai au-delà, il est le criminel véritable ! » Or, le 4 février, contre l'avis du procureur de la République, Laroche était remis en liberté. Aujourd'hui, la mère est inculpée et écrouée contre les réquisitions du parquet... La conviction d'un homme peut-elle varier en fonction de ses interlocuteurs ?

De deux choses l'une. Ou bien Christine Villemin est coupable, ou bien elle est innocente, et dans ce cas ce qu'on lui fait subir est inhumain. Or, dans cette affaire, les hésitations de la machine judiciaire ont déjà coûté la vie à un homme. Me Welzer prend la parole :

– Ce soir, mes pensées vont à la mémoire de Bernard Laroche et à sa famille.

Contre Me Garaud qui fait tourner les regards, à nouveau, vers Laroche, Me Welzer n'entend pas laisser souiller l'honneur posthume de son client. Même si la partie adverse souhaite ainsi obtenir la libération de la nouvelle inculpée. Me Welzer refuse de jouer l'innocence de la suspecte contre la culpabilité commode d'un mort.

Opportunément, un journaliste se souvient que Christine Villemin, le matin même, déclarait :

– Si on m'enferme, il n'y a pas de justice. Je suis innocente. Je ne vois pas ce que ça m'aurait rapporté de mettre Grégory dans la Vologne. En prison, je ferai la grève de la faim. Le juge tuera mon deuxième enfant. J'en sortirai les pieds devant.

Les propos sont maladroits. Comment cette femme ose-t-elle mettre en péril l'enfant à naître, juste pour faire un chantage sur le juge ? Quelle mère pourrait se comporter ainsi ? Et comment comprendre ce « qu'est-ce que ça m'aurait rapporté », qu'elle a prononcé pour la deuxième fois ? Dans le cas d'un acte de folie haineuse, le meurtre n'aurait rien rapporté. Sinon la satisfaction de défier les autorités, la société et – qui sait – le monde entier ? En entrant en prison, Christine Villemin n'a pas l'attitude d'une mère brisée par l'émotion.

Ce qui, entendons-nous, ne constitue nullement une preuve. Ce n'est pas parce qu'elle est antipathique qu'elle est coupable.

Une nouvelle guerre d'experts s'annonce

donc : ils vont disséquer, analyser, passer au crible les mots, les gestes, les intentions de Christine Villemin. Après les graphologues et les spécialistes des ficelles, les psychiatres entrent en scène.

En 1848, le Code pénal français s'est enrichi d'un nouvel article. Il fera couler beaucoup d'encre. C'est l'article 64. Il stipule que, dans les affaires criminelles, le juge d'instruction demande à deux psychiatres un rapport sur la personnalité du prévenu. En fait, le 64 introduit dans notre droit la notion d'irresponsabilité pénale. S'il est établi que le crime a été commis par un individu en état de démence au moment des faits, il y a deux possibilités : soit la juridiction d'instruction rend une ordonnance de non-lieu ; soit l'instance de jugement prononce l'acquittement. Une circulaire de 1905 fixe les points que les experts doivent éclairer. Ils sont au nombre de cinq :

– L'inculpé présente-t-il une ou des anomalies psychiques ou mentales ?

– Si oui, les décrire.

– Était-il en état de démence au moment des faits ?

– Présente-t-il un état dangereux ?

– Est-il curable ou réadaptable ?

Le magistrat instructeur décide seul du

moment où ces expertises doivent être effectuées. Ainsi Bernard Laroche, malgré une détention de six mois dont deux au secret, n'a jamais été vu par un psychiatre, le juge n'ayant pas considéré qu'il était utile de procéder à un tel examen. On le lui a reproché. Il ne va donc pas commettre la même bévue avec Christine Villemin. Afin d'éviter toute contestation ultérieure, il choisit deux « mieux-sachants » – c'est le terme officiel – parmi ceux que propose la liste nationale. Ceux-là ont derrière eux au moins cinq années d'expertise dans une cour d'appel. De plus, le magistrat double son dispositif en requérant deux autres « mieux-sachants », qu'il charge d'étudier la personnalité de Christine Villemin. Il veut obtenir un plus grand degré de précision que les cinq points requis par la loi.

Ces experts écoutent donc longuement Christine Villemin. Ils sont maîtres de leur enquête : conduite des auditions, durée, moyens, ils font comme ils veulent. Les premiers entendent le sujet lors de son incarcération de Metz-Queuleu, à la maison d'arrêt. Les seconds à Petitmont, en Alsace, chez la grand-mère de Christine, où celle-ci est assignée à résidence.

Tout doit être conduit dans le secret, cela va de soi. Tout va être affaire de fuites, cela va de soi aussi. Un bon mois avant que les résultats ne soient rédigés et remis dans leur version définitive au magistrat, les conclusions paraissent dans la presse. Il y a eu un pré-rapport, une sorte de synthèse préalable. Ce document préparatoire est arrivé sous les yeux d'un journaliste. Le hasard, n'est-ce pas, fait si bien les choses...

Le rapport est accablant.

Selon ce document, Christine Villemin serait « sans instinct maternel » et aurait « une potentialité vers un état mental confus ». Elle pourrait aussi être atteinte de « troubles névrotiques relevant d'une hystérie à caractère pervers ». L'altération mentale dont elle souffrirait aurait pu la conduire à commettre le meurtre, à l'occulter jusqu'à l'oublier et, enfin, à se convaincre « sincèrement » qu'elle est totalement innocente, juste victime.

Suppositions. Rien de concret. On aurait affaire à une folle, mais qui prouve qu'elle a tué ?

La presse se repaît de ces révélations. Mais ce n'est pas le rapport final. Le mal est fait, cependant : Christine Villemin agirait sous l'impulsion d'une aberration psychique. Pas d'un quelconque « intérêt ». Mue par des pulsions névrotiques et perverses, elle serait passée à l'acte, puis elle aurait gommé de sa mémoire le meurtre et trouverait l'accomplissement de sa névrose hystérique en occupant le devant de la scène comme mère martyre d'abord, puis à présent comme victime expiatoire...

Les avocats s'agitent. Les psychiatres aussi.

Tous ces arguments servent l'accusation, et comment ! Or, tout est au conditionnel. Les faits supposés ne sont pas établis, et le profil psychologique qui « colle » à ces faits est incertain. Normalement, on établit les faits d'abord et l'expertise n'intervient que pour tenter de cerner la personnalité et l'état psychique de l'auteur, donc son degré de responsabilité. Dans le cas de Christine Villemin, on a inversé le processus. Comme le dit un avocat : on lui a taillé « un costard mental ».

C'est du mauvais travail de police.

Me Garaud riposte immédiatement. Il charge le Dr Lavoine, alors secrétaire général de l'Association française de criminologie et expert judiciaire depuis quinze ans, d'examiner sa cliente. Le médecin se rend à Petitmont. Il a deux entretiens de suite, de trois heures chacun. Il rencontre Christine Villemin le lendemain même de la visite du deuxième couple de « mieux-sachants » désigné par le juge Lambert. C'est important : en vingt-quatre heures, les chances de trouver le même état mental chez l'individu observé sont grandes.

Interviewé par *Le Journal du Dimanche*, le Dr Lavoine livre son diagnostic. Il est évidemment différent, très différent de celui des autres. Il présente l'intéressée comme une jeune femme intelligente. Là, tout le monde est d'accord. Mais Lavoine continue :

– Cette personne n'est pas une grande malade mentale qui nie l'évidence. Le discours qu'elle m'a tenu est cohérent. C'est une femme traquée à qui rien n'est pardonné et chez qui tout est interprété. Comme si elle devait se murer une fois pour toutes dans le rôle de pleureuse professionnelle.

Le médecin emploie alors cette formule magnifique mais terrible :

– Même ses sourires sont suspects.

Lavoine prend alors ses distances :

– Pour moi, je refuse de participer à la curée. C'est une question de déontologie. D'ailleurs, je déposerai mes conclusions au juge en même temps que les autres experts.

Et le Dr Lavoine précise qu'il arrive toujours devant le prévenu sans a priori, qu'il ne prend jamais connaissance du dossier avant une audition. Il est donc vierge de toute sympathie ou antipathie. Sauf que, dans l'affaire du petit Grégory, qui n'a entendu parler du dossier ? Il faudrait vivre sur la Lune. Et encore... D'ailleurs Lavoine reconnaît, quand même, que l'affaire ne lui est pas totalement étrangère :

– Le plus extravagant, c'est ce que j'ai lu dans un journal. Les psychiatres auraient relayé en partie leur diagnostic en s'inspirant de bribes d'interviews recueillies dans les médias. Si cela est vrai (ce qui m'étonne), il n'y a plus qu'à acheter une boule de cristal ou à essayer de lire dans le marc de café.

Bref, on est dans l'irrationnel. Or, c'est bien de cela qu'il s'agit. Car le deux cent soixante-treizième jour de l'affaire, *Libération* publie un article qui fait grand bruit. Il est signé Marguerite Duras.

Chapitre 8

SUBLIME, MAIS...

Texte magnifique.

Texte d'une empathie formidable qui, parce qu'il croit dire le crime dans son essence, dénonce et enfonce Christine Villemin. Le texte prétend décrypter l'âme humaine plus sûrement que ne l'ont fait les rumeurs malintentionnées et les expertises improbables.

Que *Libération* fasse appel à Marguerite Duras, un des écrivains phares de l'époque, pour écrire sur le crime de la Vologne suffit à montrer combien ce drame est hors du commun, combien il remue de choses, combien il pose de questions. Désormais, il déborde la rubrique des faits divers. D'ailleurs, le monde entier s'y intéresse. La presse allemande, anglaise, italienne, belge, suisse s'en fait l'écho. Même aux États-Unis, on s'interroge : *« Who killed Petit Grégory ? »* titre l'hebdomadaire *Newsweek* qui ne traite pratiquement jamais de faits divers, à plus forte raison quand ils ne se déroulent pas sur le sol américain. Le magazine consacre une page entière à l'affaire dont il retrace très exactement les différentes péripéties. « Les Français ne seront pas tranquilles tant qu'ils ne sauront pas avec certitude qui a tué Grégory », conclut le reporter.

Il est vrai que le malaise, en France, est alors à son comble. Serge July, le patron de *Libération*, ne dit pas autre chose. Il présente le texte de Marguerite Duras ainsi : « Elle ose rêver publiquement de la douleur de cette femme, transgressant son propre malaise et le nôtre, pour affoler un jeu de miroirs qu'offre à chacun de nous toute grande affaire criminelle. Parce qu'elle met en scène "la part maudite" de l'homme. La littérature et la justice font rarement bon ménage. L'une dérègle quand l'autre règle. »

Des mots. Ni July ni Duras ne possèdent le dossier. Journalistiquement, c'est un beau coup. Sur le plan de la vérité, c'est plus branlant. Car la justice, qui « règle », n'a justement rien réglé. Neuf mois après le drame, zéro. La source du malaise collectif est là. Et la plume de Duras ne fait, en vérité, qu'ajouter du brouillard.

Alors même que l'inculpée des Vosges tente de sauver sa peau, l'écrivain en fait une icône sulfureuse. C'est un mauvais service à rendre à Christine Villemin. Elle n'est pas un personnage de fiction, mais une femme confrontée au pire. Marguerite Duras a perdu cela de vue. On est, une fois de plus, dans l'imaginaire. Duras écrit :

« La maison, je l'ai vue. C'est au gré de tours et de détours qu'elle nous est apparue tout à coup. Dès que je vois la maison, je crie que le crime a existé. C'est ce que je crois. C'est au-delà de la raison. (...) L'enfant a dû être tué à l'intérieur de la maison. (...) On l'a tué ici, sans doute, dans la douceur, ou bien dans un amour incommensurable, devenu fou, d'avoir à le faire. (...) » Puis Marguerite Duras rappelle que la première personne à avoir signalé la disparition de Grégory est sa mère, et s'étonne que Christine Villemin, tout aussitôt, ait dit : « Tu ne peux pas imaginer la vie que j'ai eue. » Elle parle de son passé au lieu d'exprimer une angoisse insoutenable. Et Duras d'ajouter : « C'est là, il me semble, que la raison du meurtre se rapprocherait de nous, qu'une sorte de relation causale décisive s'établirait entre la vie de Christine V. et la disparition de son enfant. »

Le texte est brillant. Mais est-ce une défense ou un réquisitoire ? À la place de « relation causale », ne peut-on lire « mobile du meurtre » ? Ainsi, ce qui manquait encore contre Christine Villemin, Marguerite Duras, avec l'ingénuité assassine de l'artiste, l'ajoute.

Ce n'est pas la boule de cristal redoutée par Lavoine. Mais presque. « Au-delà de toute raison », tient à répéter Marguerite Duras. Après les rumeurs, les témoignages plus ou moins établis, les expertises incertaines, voici l'irrationnel à charge. Après le costard mental, la veste littéraire.

Imaginons. Imaginons le petit juge recevant, dans son cabinet, la grande Marguerite Duras. Un sacré moment de cinéma, non ? Cette rencontre a bien eu lieu. Elle s'est passée quelques jours après l'inculpation de Christine Villemin. Duras rapporte les propos de Lambert :

– C'est affreux pour moi d'avoir à l'inculper, d'avoir à en passer par ce moment-là.

Lambert continue. Il dit que l'accusée est intelligente, fine, spirituelle. Il parle d'un joli visage mais d'une légère absence dans le regard.

L'article paraît exactement douze jours après l'incarcération de Christine Villemin. Comment, lorsqu'il découvre ce texte de Duras, le juge pourrait-il être effleuré par le doute ? « Sublime, forcément sublime Christine V. », écrit Duras. On ne voit pas ce qu'il y a de sublime dans cette affaire sordide. Littérature, littérature. Mais le petit juge, lui, lit : « coupable, forcément coupable ».

L'affaire Grégory est un de ces faits divers qui passent la rampe, qui sortent de la rubrique des chiens écrasés pour entrer dans les salons de

Saint-Germain-des-Prés. L'auteur de *Moderato Cantabile* n'est pas la seule à venir sur les bords de la Vologne en ce début de vacances de l'été 1985. Cette année-là, le Tour de France fait étape à Épinal. Tout un tourisme du macabre s'improvise. On suit le circuit du drame. La maison des hauteurs de Lépanges ; la poste du bourg ; les rives de la Vologne à Docelles ; les abords de la maison blanche des Laroche à Aumontzey... Chaque jour, le petit cimetière de Lépanges voit affluer les curieux en débardeur et en short, l'appareil photo en bandoulière, et la tombe de l'enfant au visage d'ange devient l'un des monuments les plus courus dans les Vosges. Pendant tout l'été, puis pendant les années suivantes, des curieux venus de toute la France, de Belgique, de Suisse et d'ailleurs feront un détour pour voir, humer comme Duras, l'atmosphère du lieu. On visite le crime comme on visite les ruines gallo-romaines. Le sang attire les mouches.

Les mouches ne s'en vont donc jamais ?

Chapitre 9

BRÈVE EMBELLIE
ET SOMBRES PERSPECTIVES

Comme annoncé, Christine Villemin entame une grève de la faim. Elle clame son innocence dans la cellule de la prison de Metz-Queuleu. Elle crie haut et fort. Elle se défend. Elle affirme :

– Je ne suis pas une sorcière. Je n'ai pas un double visage. Ou alors, si c'est moi qui ai tué mon enfant, c'est que je suis folle.

Ce n'est pas impossible. Aux yeux de l'opinion publique, une femme qui met en péril l'enfant qu'elle porte en son sein est nécessairement anormale. Car Christine Villemin est enceinte de six mois. Quelles sont les conséquences possibles sur le fœtus ? Les experts médicaux reviennent sur le devant de la scène. Ils estiment, confient-ils aux gazettes, que l'enfant ne court aucun danger dans les premiers jours. Il vivra sur les réserves de la mère. C'est pour cette dernière que les dégâts risquent d'être sérieux. Les débuts de la grossesse ont été marqués par le malaise et l'hospitalisation de la jeune femme. De plus, elle souffre de troubles vasculaires et rénaux.

Dans sa prison de Nancy, Jean-Marie Villemin apprend la décision de son épouse. Aussitôt il se déclare solidaire et entame lui aussi une grève de la faim.

– Je suivrai ma femme jusqu'au bout. Tant que je ne la verrai pas, je ne m'alimenterai pas.

Ainsi, le petit couple cher à Me Garaud se montre plus uni que jamais. Ils sont sur la même longueur d'onde. Pas de discordance. Ceux qui penchent pour l'innocence voient là un amour admirable. Ceux qui en tiennent pour la culpabilité décèlent l'emprise de Christine, manipulatrice, sur son époux. Celui-ci, quarante-huit heures avant l'incarcération de sa femme, fait parvenir une déclaration à Me Garaud. Ce dernier la lit sur le perron de la prison Charles-III de Nancy, où il vient de s'entretenir avec son client :

– Je veux lancer un appel au monde entier pour qu'il nous aide. Je suis le mieux placé pour savoir que ma femme est innocente, que Grégory était tout, pour elle. C'est une femme formidable ; je ne peux vivre sans elle. J'ai pris la décision de faire moi aussi une grève de la faim. Grégory était un dieu pour nous.

En écho, Christine qui, à l'atelier de la maison d'arrêt, coud des sacs à la machine, lance :

– La mort plutôt que la prison !

Et elle crie, une fois de plus, son innocence :

– Je n'ai jamais fait de mal à mon enfant que j'aimais par-dessus tout. Pourquoi moi ? Je ne comprends pas. Je veux être lavée de toute cette accusation. Je veux qu'on reconnaisse que je suis innocente. Sans cela, je mourrai.

Quoi qu'il en soit, l'affaire ne progresse guère.

De son côté, Me Thierry Moser, qui défend les Villemin, répète que le dossier est vide. Ou « peu consistant ». Comme d'habitude. C'est un tactique usée jusqu'à la corde. Tous les dossiers sont « vides », vus par les défenseurs. Mais Moser souligne au passage l'aspect « guerre des polices » qui a entaché l'enquête. Il a constaté que la concertation entre gendarmes et policiers est nulle. Que la rivalité entre les services est forte. Que le climat est délétère. Qu'une précédente affaire, concernant trois jeunes filles disparues, n'a jamais été élucidée, et qu'elle a pourri l'ambiance. Le juge Lambert se mure. L'opinion publique est partagée. Les certitudes s'effritent. Le petit couple, uni dans l'adversité, n'émeut personne. L'avis défavorable du procureur de la République est de nouveau balayé. Me Garaud confie qu'il n'est pas surpris :

– Je ne vois pas comment le juge d'instruction pourrait se déjuger à trois jours d'intervalle.

Jean-Michel Lambert fait reposer son refus sur trois raisons. D'abord, il considère que ni la santé de la mère ni celle du futur enfant – qui se nommera Julien – ne sont menacées. Ensuite, il prétend que la poursuite de l'enquête sur le terrain justifie le maintien en détention. Enfin, le magistrat invoque un souci de sécurité. L'assassinat de Bernard Laroche l'incite à la prudence. Il a tiré une leçon précieuse de ce crime.

Dès que l'ordonnance du refus du juge lui est notifiée, Me Garaud fait appel de cette décision devant la chambre d'accusation de la cour de Nancy. Il reviendra donc aux magistrats de cette instance de suivre ou de désapprouver le jeune juge.

Mais ceux-là ne font pas preuve du même optimisme que Jean-Michel Lambert. La grève de la faim les inquiète. Aussi examinent-ils sans tarder la requête du défenseur. Alors que la loi impose un délai de trente jours, la chambre se réunit dés le lundi qui suit. Cette rapidité est un premier désaveu déguisé. Le magistrat le sent bien. Mes Garaud et Moser peuvent légitimement voir dans ce souci de réagir avec promptitude l'amorce d'une prise de position qui serait contraire à l'obstination du petit juge. Du coup, Christine consent à s'alimenter. La machine est débloquée. Mais on sent que des fractures traversent, à nouveau, l'appareil judiciaire. Toute l'affaire va pâtir de ces conflits souterrains.

Jean-Marie Villemin met également fin à sa grève de la faim. Une fois encore, il se montre solidaire de sa femme.

Le juge Lambert persiste. La voie est étroite, pourtant. Le juge décide d'éclaircir plusieurs points. Bien que le drame remonte à neuf mois, il veut faire rechercher les causes exactes du décès de l'enfant. Il est grand temps. Tout aurait dû commencer par là. Grégory a-t-il été drogué avant d'être abandonné dans les eaux de la Vologne ? Et *quid* de l'emploi du temps de Christine Villemin durant les deux demi-journées d'octobre, où elle n'est pas allée travailler ? Lambert veut enfin établir l'origine des cordelettes retrouvées par les policiers dans la maison des Villemin. Il fait également analyser le papier à lettres sur lequel le message de revendication a été écrit.

Encore une fois, du travail de police basique. Il aurait fallu commencer par là. Si le juge veut repartir ainsi de zéro, reprendre l'enquête au départ, c'est qu'il a failli. Quelques-uns considèrent qu'il a le mérite de reconnaître ses erreurs. Sans écouter quiconque, le juge Lambert remet l'ouvrage sur le métier. Or justement, il en manque, de métier.

16 juillet 1985, 16 heures. Les magistrats de la chambre d'accusation rendent leur arrêt. Après douze jours et onze nuits de prison, Christine Villemin bénéficie d'une remise en liberté. Elle est élargie, mais sous contrôle judiciaire. Et elle reste inculpée d'assassinat. 18 h 15 : son avocat arrive dans une voiture blanche. Une 4-L de la gendarmerie la précède. Christine Villemin quitte la maison d'arrêt. Pas de déclaration à la presse. Pas de pose pour les photographes. Pourtant, il y a foule. Les autres prisonniers qui sortent, les bénéficiaires de la traditionnelle grâce présidentielle du 14 juillet, n'en croient pas leurs yeux. Tout le monde veut voir Christine Villemin. Reporters et badauds la dévorent du regard. Elle est la reine des faits divers, la star du moment ! On la trouve pâle et amaigrie, certes, mais elle domine. Les gens s'interrogent : ira-t-elle tout de suite à la prison Charles-III de Nancy embrasser Jean-Marie et le remercier pour les vingt-cinq roses rouges qu'il lui a fait parvenir pour son anniversaire, ou bien attendra-t-elle le lendemain ? L'opinion publique, passionnée, balance.

Le contrôle judiciaire imposé à la jeune femme est assez léger. Elle ne doit pas quitter le département de la Meurthe-et-Moselle ; elle a l'obligation de se présenter aux convocations du juge ; elle doit satisfaire aux examens médicaux, psychologiques ou autres. Elle décide de se réfugier chez sa grand-mère, à Petitmont.

Mais ce n'est pas fini. Le dispositif est léger, certes, mais elle reste inculpée. L'inculpation est lourde : enlèvement et assassinat de son fils. Bien qu'ils aient jugé inopportune l'incarcération de la suspecte, enceinte de six mois, les magistrats de la chambre d'accusation considèrent que les charges sont troublantes. Les filles de la poste, les cordelettes à la maison, l'expertise des écritures. Les magistrats estiment « possible » le crime dans la fourchette de 17 heures à 17 h 30. Ils n'excluent pas que la jeune femme ait pu « participer à l'acte ». Toutefois, la chambre souligne dans son arrêt « l'absence de mobile cohérent » et conclut que « rien ne permet d'entrevoir les motifs d'un tel acte, le couple paraissant uni dans l'épreuve et l'enfant étant l'objet d'affection ». Ce qui, au fond, veut tout dire et son contraire. L'impression est qu'elle est coupable sans l'être, qu'elle a pu tuer mais peut-être pas, qu'elle a eu un instant de folie mais qu'elle est raisonnable. Les juges soufflent le chaud et le froid en même temps. Ce qui signifie qu'ils ne savent rien.

Dans leurs attendus, les trois hauts magistrats de la chambre d'accusation mentionnent en outre l'absence de tout témoin direct, la constance des dénégations de Christine Villemin et l'insuffisance des indices matériels. Ils pointent aussi les « vides » de l'enquête. Ils n'ont pas tort. Par exemple, qui prouve que la cordelette retrouvée dans la maison soit l'arme du crime ?

« Les experts n'ont pu dire d'où venaient les cordelettes, écrivent les juges. Ils n'ont pu déterminer leur origine. L'enquête est encore insuffisante à cet égard. »

Le juge Lambert doit revoir sa copie. Le SRPJ de Nancy aussi. On imagine la frustration des policiers : après tous ces mois de travail acharné, on les tance comme des débutants !

Me Garaud est naturellement le premier à se réjouir :

– Cette décision redonne à Christine et Jean-Marie Villemin la confiance en la justice qu'ils avaient perdue. Ces douze jours de détention faisant suite à la plus terrible des inculpations, l'assassinat de son enfant, interpelle la France entière.

Le style est pompeux. Le message simple.

Depuis quelques jours, un autre ténor du barreau est entré en piste : Me Lombard. Il est connu, flamboyant, et c'est une vedette. Il conseille et représente les grands-parents paternels de Grégory, qui se sont portés partie civile. Curieusement, cette démarche a été mal ressentie par Jean-Marie Villemin, qui y a vu une forme de défiance à l'encontre de sa femme. Il ne pardonnera jamais à ses parents cette prise de position. Néanmoins, à la libération de Christine, un communiqué apaisant est lu :

– Cette liberté à laquelle nous ne nous étions pas opposés va faire du bien à Jean-Marie. Elle va aussi permettre à l'enfant qui va naître de voir le jour ailleurs que dans une prison. Cette perspective nous déchirait le cœur. Nous supplions la justice de tout mettre en œuvre pour découvrir la vérité, quelle qu'elle soit, et mettre fin à l'angoisse de notre famille.

Commentaire sage que Me Lombard, en vieux routier, n'hésite pas à pimenter d'un zeste d'ironie acide :

– En fait, l'affaire commence aujourd'hui !

Le ciel se couvre pour le petit juge. Il n'est pas désavoué mais il n'est pas conforté. S'il comptait sur la pression psychologique de la prison pour obtenir des aveux de Christine Villemin, c'est raté. Lambert se trouve affaibli par cet épisode de l'affaire. La suspecte, elle, est renforcée. L'opinion publique, versatile, qui la voyait douze jours plus tôt en tueuse d'enfant, la regarde maintenant comme une victime de l'acharnement judiciaire.

Dans sa cellule, Jean-Marie Villemin commente à sa manière cette esquisse de revirement :

– Enfin, on commence à nous croire !

Les défenseurs de Christine Villemin partagent cette impression. Ils voient que l'opinion évolue favorablement. Beaucoup d'articles de presse ont complaisamment présenté l'accusée comme une personnalité sombre, mystérieuse, calculatrice et suffisamment perverse pour avoir commis l'acte monstrueux. Mes Garaud et Moser décident de recourir aux mêmes procédés, dans le sens contraire, pour amplifier le mouvement de sympathie. Puisque les médias ont fabriqué une image négative de leur cliente, se disent-ils, utilisons ces mêmes médias pour renverser la tendance. Dès lors, tout le monde a conscience que l'affaire se joue sur le terrain du public, ce qui est toujours très mauvais signe ; le judiciaire est alors en position de faiblesse.

Mais les avocats jouent avec le diable. En théorie, leur projet paraît excellent. En fait, le résultat sera catastrophique.

Premier acte. L'avocat parisien de Christine, Me Garaud, qui a souvent recours aux médias pour son association Légitime Défense, négocie avec *Paris Match*. Le journal publiera en exclusivité plusieurs reportages photos en échange de l'abandon des poursuites en diffamation. Parmi les clichés, il y a évidemment des vues mélodramatiques, destinées à tirer des larmes à Margot. On voit Christine Villemin sur son lit de clinique, tenant son nouveau-né, Julien, dans les bras. Elle porte une nuisette de coton blanc à liseré rose. Elle est rayonnante. La photo fait la une de l'hebdo à la mi-octobre 1985. Manque de chance : c'est, à quelques jours près, la date anniversaire de l'atroce disparition de Grégory. Entre le sourire radieux de Christine Villemin et la commémoration du drame, le contraste est violent. Le public est choqué. Le malaise empire. Mauvaise pioche.

Quelques semaines plus tard, une autre photo paraît. Dans le même genre. Mais cette fois-ci, c'est Marie-Ange Laroche, sur son lit de maternité, qui tient son propre bébé. Le choc des photos couvre le bruit de mots : Marie-Ange Laroche, jeune veuve, a un enfant sans père. Elle donne l'impression d'une femme fidèle dans son deuil. Et c'est ce que le public attend d'une femme qui a subi pareil drame. En effet de retour, Christine Villemin semble presque indécente, dans ce bonheur né d'un si grand malheur. Elle donne l'impression d'avoir digéré toutes ces morts. Circonstance aggravante, les photos de Christine Villemin ont donné lieu à des négociations financières importantes. Marie-Ange Laroche, elle, a autorisé la diffusion des siennes sans contrepartie :

– J'ai accepté de poser pour ces photos parce que les journalistes faisaient le siège de ma chambre et que cela dérangeait la maternité ; j'ai dit oui pour que le calme revienne à l'hôpital...

Deux univers s'affrontent : la rapacité et le désintérêt. Christine Villemin a été payée. Marie-Ange Laroche a pensé aux autres. Et non seulement Christine Villemin se fait photographier avec son bébé sur les bras, mais, un peu plus tard, elle pose à la manière des top-modèles. Elle a été vêtue par une agence, mise en scène par des pros du look. Elle est en complet déphasage. Cette petite ouvrière fait la star ! Le public le prend mal. Qui est cette femme si indifférente à la mort de son enfant, et qui joue les divas ?

D'une certaine façon, la campagne de promo de Christine est ressentie comme la démonstration de la théorie de Marguerite Duras. Sublime ? On la perçoit comme une fille insatisfaite de son statut social. Elle est une prolétaire qui rêve de grandeur. Une mère de famille anonyme prête à tout – y compris le meurtre – pour briller sous les feux de la rampe. Elle se voit comme une héroïne de roman rose, une victime persécutée épousant le beau patron, triomphant des méchants. Sans la mort de son enfant, elle serait restée un petite ouvrière ignorée de tous. D'ici à penser qu'elle réalise son rêve, qu'elle tire les ficelles, qu'elle combine tout et qu'elle manipule son mari, il n'y a qu'un pas. Tout le monde le franchit.

Dans cette image fabriquée, les gens décèlent le toc. Jacques Expert se souvient :

– Elle apparaît comme quelqu'un de pas sincère. Pas sincère, donc capable de tuer.

Plus grave encore : les journalistes qui l'approchent alors sont frappés par le flou de son regard. Elle dissimule, ils en sont persuadés. Il y a quelque chose, en elle, de factice. Que les appareils photos captent.

Le projet vire à la déroute, donc. Le *Sunday Times*, tabloïd anglais, résume bien la situation ; on voulait la rendre sympathique ? Elle est devenue « la femme la plus haïe de France ». L'odeur de fric est terrible. Les tractations sont importantes, très importantes. Bien sûr, les Villemin n'ont pas les moyens de payer les frais d'avocats : 1,8 million de francs. Une sacrée somme, qui plus est à l'époque ! Comment le petit couple laborieux pouvait-il régler ? Les avocats ont trouvé cette facilité : les photos. Les droits d'auteur que Christine Villemin percevra plus tard sur la vente de l'ouvrage qu'elle signera, par la suite, serviront aussi à couvrir ces dépenses.

En 1994, las d'être accusés de s'être enrichis, les Villemin publieront leur livre de comptes. C'est un geste de fatigue, destiné à se réconcilier avec l'opinion publique. Ils auront eu à financer 275 000 euros d'honoraires d'avocats dans les trois procédures où ils sont impliqués. Et

140 000 euros au titre de la condamnation au civil de Jean-Marie pour le meurtre de Bernard Laroche. Leurs recettes, constituées des droits d'auteur du livre de Christine Villemin (55 000 euros), des contrats de *Paris Match* (100 000 euros) et des nombreux procès en diffamation gagnés (230 000 euros) s'élèvent globalement à 385 000 euros. Le couple enregistre donc un déficit d'environ 30 000 euros...

Mais qu'est-ce qu'un déficit de 30 000 euros face à la mort de son enfant ? Le public ne retient qu'une chose : Christine Villemin fait de l'argent sur le dos de son enfant. Laurence Lacour explique l'ambiance qui règne alors :

– Les gens ne sont pas dupes. Ils voient bien que tout cela est fabriqué, que tout cela pue le fric. Ils sont révulsés. Ils s'attendent à trouver la maman de Grégory en deuil, en larmes, en noir, mais sûrement pas dans des transactions financières avec les magazines à sensation.

Le climat est lourd. Préjudiciable à l'enquête. Et à l'inculpée. C'est dans cette atmosphère que le juge Lambert achève son instruction et demande le renvoi – la comparution – de Christine Villemin devant la cour d'assises.

À ce moment-là, deux années se sont écoulées depuis le drame. Le juge ne dispose d'aucun élément nouveau. Néanmoins, comment affronter un jury populaire dans ce courant d'antipathie ? C'est risqué pour Christine Villemin. Les avocats sont conscients de ce risque, bien réel. Ils espèrent que la chambre d'accusation se démarquera du magistrat instructeur. Cette instance judiciaire peut prononcer un non-lieu, demander un complément d'information, ou se rendre à l'avis du juge Lambert.

Que va-t-il se passer ? Suspense. On attend.

Or, à la grande surprise de tous, la cour suit le petit juge. La comparution de Christine Villemin devant les assises est décidée. Cependant, les magistrats de la chambre n'ont pas tenu compte de l'instruction et ont annulé une quinzaine de pièces pour vice de procédure. Ainsi, les reconstitutions des faits sur les lieux du drame sont rejetées : le juge Lambert avait omis de faire signer certaines déclarations aux témoins. Sept procès-verbaux sont ainsi restés non paraphés. Ces pièces sont donc nulles. Ce cafouillage du petit juge n'apaise évidemment pas les esprits. Le drame monte d'un cran. Le procès qui s'annonce sera, selon les gazettes, le « procès du siècle ». Dans les salles de rédaction, personne ne donne cher des chances de la madone des magazines face à un jury de gens normaux. Me Garaud, qui flaire le danger, essaie de prendre les devants :

– Le renvoi de Christine Villemin devant la cour d'assises n'est nullement une déclaration de culpabilité. Il reste de nombreuses et importantes questions en suspens, notamment celle du mobile. Cependant, le calvaire de Christine Villemin continue !

Le défenseur a raison. L'accusation n'est pas une déclaration de culpabilité. Cependant, c'est bien dans une ambiance de hallali que se profile ce procès. Les avocats des parties civiles donnent le ton :

– La décision de la chambre d'accusation n'est nullement une surprise. La cour a pensé que les charges retenues contre Christine Villemin étaient suffisantes. Elle ne pouvait écarter d'un revers de main cinq expertises et une dizaine de témoignages.

Naturellement, si Christine Villemin se retrouve devant les assises, c'est que Bernard Laroche se révèle innocent. Définitivement. Pour les Villemin, l'horizon s'annonce très sombre. Après l'embellie de la libération conditionnelle de la mère de Grégory, la situation devient critique. Pour les deux époux. Si Christine est reconnue coupable, Jean-Marie ne bénéficiera pas des circonstances atténuantes pour le meurtre de Bernard Laroche.

Face à cette vague d'adversité, les défenseurs de Christine Villemin déposent un pourvoi en cassation. Si celui-ci est accepté, l'affaire sera transférée devant une autre cour d'appel qui, à son tour, pourra décider d'un non-lieu, d'une reprise de l'instruction ou d'un renvoi aux assises ; c'est évidemment le non-lieu que les défenseurs espèrent. Dans l'immédiat, ils souhaitent surtout que leur cliente ne soit pas reconduite en prison. L'arrêt de la cour ne précise-t-il pas en effet qu'elle devra être incarcérée « au plus tard » la veille du procès ? « Au plus tard »... donc, à tout moment.

La perspective est terrible pour la jeune femme. Car, dans l'univers pénitentiaire féminin, les femmes infanticides sont traitées avec des soins spéciaux. Elles ont droit au traitement de défaveur le plus dur. Pas une femme, même criminelle endurcie, ne pardonne la mort d'un enfant.

Le cri d'effroi qu'a poussé naguère Christine Villemin prend alors tout son sens :

– Plutôt la mort que la prison !

Pour elle, si elle est condamnée, la prison sera pire, bien pire, que la mort.

Chapitre 10

OVERDOSE

La chambre d'accusation de Nancy s'est donc prononcée pour la comparution de Christine Villemin devant les assises. L'inculpée attend dans la paisible maison de sa grand-mère Jeanne, à Petitmont. C'est là que Me Garaud vient rendre visite à sa cliente, le samedi 13 décembre 1986 dans l'après-midi, pour, dit-il, « tenter de lui insuffler un peu de force et d'espoir ». L'avocat est inquiet. Il craint pour la santé mentale de Christine Villemin, et il appréhende la réaction de Jean-Marie. L'avocat essaie de calmer ce dernier et, en même temps, de donner de la force à Christine :

– Ce qui vient de se passer est terrible. On n'a pas le droit de jouer comme ça avec la vie d'une femme. Il y a un moment où ça chavire. La justice, dans cette affaire, c'est pire qu'un bateau ivre !

Christine Villemin ressent ce renvoi devant les

assises comme un coup de poignard. Elle a l'impression de se battre contre le monde entier. Il y a overdose. Elle n'en peut plus.

Ce même samedi, le soir, un dîner familial réunit frères et sœurs. L'ambiance est lourde. Bien sûr, on ne peut éviter de parler du procès qui s'annonce. Apeurée, fatiguée, désemparée, Christine fond en larmes à plusieurs reprises. Simule-t-elle ? Sans doute pas.

Le lendemain, dimanche 14 décembre 1986, elle reste enfermée dans la maison où elle est assignée à résidence. À peine se permet-elle de sortir dans le jardinet de sa grand-mère. À l'extérieur, deux gendarmes assurent sa protection et, aussi, sa surveillance. La jeune femme, d'ailleurs, vit cette escorte comme un poids : elle se sent plus surveillée que protégée. Le dimanche, décidément, est interminable. Des idées sombres planent dans sa tête : Christine Villemin sombre dans la dépression. Trop, c'est trop. Le soir venu, dans la solitude de sa chambre, elle écrit deux lettres d'adieu et absorbe deux tubes entiers de Temesta. Elle laisse une lettre pour sa grand-mère, une autre pour Me Garaud. À Jeanne, l'aïeule, elle demande « pardon pour ce qu'elle a fait ». À l'avocat, elle exprime son désarroi : « Comment le monde peut-il être si injuste ? À quoi ça sert d'avoir fait tout ça ? D'avoir remué tant de choses, d'avoir vu tant d'experts ? »

La veille, au soir, elle a aussi écrit à Jean-Marie : « Mon tendre amour, tu es le seul à savoir combien j'aimais notre enfant... » Or, l'année précédente, dans une interview accordée à Jean Ker, de *Paris Match*, la jeune femme avait déjà évoqué l'éventualité du suicide. Le journaliste avait demandé :

– Aujourd'hui, vous êtes ici, en Meurthe-et-Moselle. Vous sentez-vous menacée dans les Vosges ?

– Ici, au village, à Petitmont, il y a toute ma famille. Quand je suis seule, je suis cafardeuse, alors je me sens mieux en famille. Toute seule, j'aurais sans doute déjà rejoint Grégory. Il faudrait qu'il y ait un miracle, que mon Grégory revienne cinq minutes sur terre, qu'il reparte après mais qu'il me dise qui l'a foutu dans l'eau, mon titi ! Mais qu'on sache la vérité. Si on est tourmenté toute notre vie, autant se suicider. Moi, je suis à bout. Ce qui me retient maintenant, c'est l'enfant (Christine est alors enceinte de Julien) et Jean-Marie. Je dois être forte pour l'aider. Sinon, s'il m'arrivait quelque chose, je sais que Jean-Marie ne le supporterait pas. Il se détruirait.

Il ressort que, au fond, Christine Villemin est en train de tirer un trait sur ses attaches vosgiennes. D'ailleurs, la maison sur les hauteurs de Lépanges, qui faisait toute leur fierté, a été mise en vente quelques mois après le drame.

Un an après ces confidences à Jean Ker, Christine Villemin est à bout. Elle franchit le pas.

Le lundi matin, ne voyant pas sa petite-fille, Jeanne se rend dans sa chambre. Christine est à peine consciente. Elle parvient à bredouiller quelques mots. Elle se plaint d'avoir pris une dose trop faible. Une ambulance la transporte, en urgence, à l'hôpital de Lunéville. Une armada de reporters s'agglutine. Le personnel de l'hôpital est assailli. Mais tient le choc : la naissance de Julien, l'année précédente, a donné lieu au même cirque. Christine est admise en réanimation, puis elle est couchée dans une chambre. Les médecins la déclarent hors de danger.

Comme toujours dans cette affaire, il y a les pour et il y a les contre. Les premiers voient dans ce geste le désespoir d'une mère blessée qui a craqué face à la pression, et qui veut en finir. Les seconds – les plus nombreux – font remarquer que les barbituriques sont un moyen peu efficace, qui rate trois fois sur quatre. Elle cherche à fuir ses responsabilités, voilà tout, disent-ils. De nouveau, Christine Villemin est dans la position de la coupable désignée. Elle n'arrive pas à être sympathique.

Devant l'hôpital un badaud crie :

– Si elle a fait ça, c'est qu'elle est coupable !

Un autre renchérit :

– Moi, je crois que c'est elle qui a tué Grégory. Je l'ai lu dans les journaux.

Les journaux, eux, apprennent peu à peu la prudence. Après tous ces retournements, il faut prendre ce nouveau rebondissement avec des pincettes. De nombreux articles relèvent avec insistance le fait que le Temesta est un relaxant musculaire. Il n'attaque pas le cerveau. Ainsi peut-on lire ce titre perfide : « Christine Villemin a écrit trois lettres avant d'avaler des cachets qui n'ont pas mis sa vie en danger. » Manifestement, beaucoup pensent à une mise en scène. Elle est cynique et manipulatrice, donc le Temesta est un leurre. Dans un tel climat, on comprend que les défenseurs de la jeune femme se montrent fort peu optimistes. Plus de deux ans après les débuts de l'affaire, le vent n'est pas en leur faveur... La rue et la rumeur condamnent Christine chaque jour davantage. Le seul espoir est dans le fonctionnement serein de l'institution judiciaire à son plus haut niveau, la Cour de cassation.

Il y a un hic, cependant. La Cour de cassation ne statue pas sur le fond mais sur la forme, et uniquement sur la forme. Elle est « juge du droit et non du fait ». Elle n'a donc nullement pour attribution de dire si Untel est coupable ou innocent. Son rôle est de rechercher les vices de forme, les erreurs de procédure, les mauvaises applications de la loi. Les avocats des époux Villemin ont donc mis en évidence un certain nombre d'anomalies formelles qui, leur semble-t-il, peuvent entraîner la cassation. Le pourvoi accepté, les hauts magistrats ont alors décortiqué avec la plus grande attention l'énorme dossier Grégory.

Et c'est le coup de tonnerre. La Cour annule les trois cents pages de la procédure. Vice de forme. Elle casse ainsi l'arrêt de la chambre d'accusation de Nancy. Résultat : il faut repartir de zéro. Une fois de plus. Que s'est-il passé ? La cour s'est-elle limitée à l'angle exclusif de la forme, ou a-t-elle, malgré tout, examiné le fond ? L'un des avocats de Christine Villemin laisse entendre que la seconde hypothèse ne saurait être exclue.

Cette cassation est, sur le plan judiciaire, le tournant le plus important de l'affaire. Il est aussi un désaveu cinglant et officiel infligé au petit juge. Celui-ci, visiblement secoué, certainement dépité, considérait que le dossier était clos. Or, il ne l'est pas. Le juge Lambert décide alors de prendre du recul, de s'octroyer une année sabbatique. Il écrit et publie un livre, qui sera une défense et illustration de son travail. Bernard Pivot l'invite sur le plateau d'« Apostrophes ». C'est une consécration littéraire. C'est aussi, pour Lambert, une façon de reprendre du poil de la bête. D'ailleurs, il décide de persévérer dans cette voie. Il suit un stage de journalisme à Europe 1, sans savoir très bien s'il veut continuer dans cette voie. Sera-t-il reporter ? Scénariste ? En fait, à l'issue d'une année de réflexion, il reste magistrat. Et épouse une institutrice. Mariage discret, loin des micros et des caméras.

L'opinion a jugé avec sévérité le petit juge. Mais, avec le recul, ce jugement va s'adoucir. Dans les premiers jours, tout le monde croyait que cette affaire était simple. Facile. Mais magistrats, gendarmes, policiers, journalistes et experts ont déchanté. Les gendarmes se sont très vite retrouvés confrontés à un milieu social, professionnel, familial presque impénétrable. Les policiers, eux, se sont heurtés à un mur. Les maladresses des uns, les erreurs des autres, le manque d'expérience de certains, tout a contribué à épaissir le mystère. Les médias ont achevé de tout brouiller.

Certes, le petit juge n'est pas venu à bout de l'énigme de la Vologne. Mais qui aurait mieux réussi ? Plus de vingt ans après le drame, c'est l'obscurité la plus complète. Le juge Lambert, au fond, a fait du mieux qu'il pouvait avec les moyens dont il disposait, n'est-ce pas ? D'aucuns répondent que non. Pour une partie des observateurs, le juge Lambert porte une lourde responsabilité dans le fait que l'affaire n'a pas été résolue. Pour ceux-là, Lambert a tout obscurci.

Chapitre 11

GROSSE FICELLE

L'échec du petit juge ne décourage pas tout le monde. Certains journalistes veulent réussir. Ils sont quelques-uns à ne pas baisser les bras. Parmi eux, il y en a qui tiennent Christine Villemin pour innocente. Ils se muent, une fois de plus, en détectives. Ils traquent les insuffisances, les incohérences de la seconde phase de l'instruction de Jean-Michel Lambert, qui a été confiée au SRPJ de Nancy. Chronomètre en main, ils refont inlassablement les parcours de Christine Villemin, de l'enfant, de tous les participants. Ils testent les itinéraires, mesurent la longueur de cordelette nécessaire, reprennent tout, interrogent chaque détail.

Les hypothèses les plus surprenantes sont envisagées. Un célèbre chroniqueur de la télévision va même jusqu'à imaginer, dans les colonnes de *VSD*, un accident. L'enfant, dit-il, a pu tomber accidentellement, à l'insu de sa mère, dans la Vologne. Il n'y aurait pas crime, donc. Pas d'assassin. L'enfant se serait ensuite ligoté tout seul ? Et aurait abaissé son bonnet sur le visage ? Détails insignifiants. L'important, c'est la théorie. Il suffit de faire coller les faits.

Le bon sens est une denrée de plus en plus rare.

Une autre théorie naît ; celle-ci a le mérite de tenir compte des « détails ». L'enfant se serait noyé accidentellement dans sa baignoire. Sa mère, affolée, aurait ensuite mis en scène l'enlèvement, le ligotage et la noyade dans la Vologne. Comme l'expertise médico-légale a négligé l'analyse de l'eau des poumons, impossible de confirmer ou d'infirmer. On a beau faire remarquer que le petit Grégory était vêtu, que son blouson était fermé, ses chaussures lacées, et qu'il faut un certain temps pour habiller un corps mou, inerte, rien n'y fait. La théorie court. Ce n'est pas la seule. Il y en aura d'autres : rôdeur, pédophile, assassin de passage, vengeance, tout est bon. Les scénarios les plus invraisemblables sont échafaudés. Encore une fois, l'imagination galope.

Une à une, toutes ces versions sont successivement abandonnées. L'évidence ne cesse de s'imposer : Grégory a bel et bien été assassiné.

Mais les journalistes continuent à fouiner. Dans *Libération*, Denis Robert lève un lièvre. C'est « le sac de nœuds des cordelettes ».

L'histoire dépasse de loin le cadre de la banale anecdote puisqu'elle a fait l'objet d'un procès en diffamation, engagé et gagné par les policiers. En outre, elle a été longuement évoquée lors de la comparution en cour d'assises de Jean-Marie Villemin pour le meurtre de Bernard Laroche.

Cet imbroglio digne d'un polar débute en avril 1985. Christine Villemin est alors dans le collimateur du juge Lambert et des policiers de Nancy. Mais les éléments matériels indiscutables manquent encore. Jean-Marie Villemin se trouve en prison, Christine n'habite plus la maison de Lépanges. Celle-ci a été mise en vente et vidée de ses meubles.

Le 15 avril, les policiers procèdent à une perquisition. But : l'extérieur de la maison. Ils découvrent des morceaux de cordelette autour d'une gouttière. Saisie. La semaine suivante, une autre perquisition a lieu, chez une voisine des Villemin où des affaires de Jean-Marie ont été entreposées. Là, on trouve de la cordelette autour d'un tuyau d'arrosage lui appartenant. Saisie, encore. Deux jours après, on découvre de la cordelette dans la cave même des Villemin, ainsi que sur des baskets utilisées par Jean-Marie pour les travaux.

Les policiers confient leurs saisies à un expert chimiste de Lyon. Celui-ci rend son verdict le

4 juillet. Il estime que certaines de ces cordelettes seraient identiques à celles qui ont entravé Grégory. Le lendemain de cette révélation, Lambert inculpe Christine Villemin. Ces cordages sont en effet un élément sérieux, mais indirect.

Les journalistes trouvent que « la ficelle est un peu grosse ». Que veulent-ils dire par là ? Ils sentent une manipulation. Ils décident de pousser plus loin leurs investigations. De la cordelette semblable, on en a trouvé chez un oncle de Jean-Marie. Le vieil homme l'avait achetée en 1982 pour délimiter un terrain et attacher des rames de haricots. Des gendarmes, après le drame, sont venus en chercher. Puis des policiers. Puis des journalistes. Bref, les éléments sont « contaminés ». Ils ne sont plus dans l'état originel.

Les journalistes se tournent alors vers les témoins directs des perquisitions d'avril 1985. La voisine, chez qui on a retrouvé le tuyau d'arrosage, dit que sa signature sur l'étiquette du scellé a été imitée. Et qu'il n'y avait pas deux morceaux de cordelette, mais un seul. Une autre voisine raconte avoir vu quelqu'un sur le toit de la maison des Villemin quelques jours avant les perquisitions. Or, on a également trouvé de la cordelette dans les combles.

Un ami de Christine et de Jean-Marie qui a donné un coup de main pour vider les lieux affirme que toute la maison a été nettoyée, et qu'il n'y avait pas de ficelle dans la cave. Un beau-frère de Christine assure, lui, avoir vu des tuiles empilées sur la toiture lors de la perquisition. Les policiers lui auraient dit que c'était « à cause du vent ».

Le vent, c'est bien connu, empile les tuiles.

Les journalistes tirent leurs conclusions. Et sortent leurs articles. Ils sous-entendent que la police aurait chargé artificiellement Christine Villemin. Les policiers réagissent vivement. Ils sont mis en cause et n'acceptent pas ces soupçons d'indélicatesse. Avec le soutien de leur hiérarchie, ils vont au tribunal. La diffamation est certaine. Les journalistes sont condamnés. Les policiers se sentent en terrain sûr, d'autant que les défenseurs de Christine Villemin n'auraient pas hésité à déposer plainte pour forfaiture s'ils avaient constaté la moindre irrégularité. Or il se trouve que les Villemin ne fréquentaient plus cette maison depuis des mois et que, de ce simple fait, ces prétendues preuves ne pouvaient guère avoir de valeur sur le plan judiciaire.

D'où sortent alors ces cordelettes, dans la maison vacante des Villemin ? Encore une question sans réponse. Le mystère ne sera jamais élucidé. Il est vrai que, de l'expression même d'un magistrat, les débats lors de l'action en diffamation ont tout simplement été « surréalistes et merdiques ».

On ne saurait être plus clair.

Le fond du dossier, une fois de plus, n'a pas pu être véritablement abordé. Il y a eu vice de forme. C'est donc une habitude ? L'avocat de l'un des journaux a oublié de préciser la profession de ses témoins sur l'offre de preuve. Un autre a négligé de retranscrire dans son entier l'article de presse retenu contre son client. La présidente, s'en tenant à la lettre stricte de la loi, a estimé que le tribunal se trouvait devant deux cas de nullité. La confrontation sur le fond a été escamotée. Or, c'est elle, et elle seule, qui avait de l'intérêt.

Le résultat de ce tohu-bohu est quand même bon pour Christine Villemin. La preuve des cordelettes est réduite à néant. L'accusation s'effiloche. Même si, comme le mentionnent les policiers du SRPJ après la révélation de « l'affaire dans l'affaire », « l'inculpation de la mère de Grégory ne repose pas uniquement sur l'existence des cordelettes ». Il s'agit de faire surnager cette inculpation, malgré la diminution des éléments tangibles. Pour l'accusée, le vent se met-il a tourner dans un sens favorable ? Enfin !

Il aurait pourtant été intéressant de savoir qui a semé les ficelles. Qui ne sont là que pour accuser la jeune femme. Qui peut avoir encore assez de haine, de ressentiment, de volonté de nuire, de désir de vengeance, pour accuser une mère éprouvée par la mort de son fils et l'incarcération de son mari ? Ce « quelqu'un » est-il si mal disposé ou possède-t-il la certitude de la culpabilité de Christine Villemin ? Malveillance ou clairvoyance ? Corbeau ou ami de la justice ? Comment savoir ? Tout s'enlise. Rien n'est clair. L'affaire Grégory est entièrement parasitée par les questions sans réponse.

Chapitre 12

SIMON LE SILENCIEUX

L'arrêt de la Cour de cassation a réduit à rien l'instruction du juge Lambert. Table rase. Il faut repartir du bon pied. Un nouveau magistrat hérite du dossier. L'affaire est aussi délocalisée auprès de la cour d'appel de Dijon. Il s'agit de retrouver un peu de sérénité, loin des passions et de l'effervescence d'Épinal ou de Nancy.

C'est le juge Simon qui hérite du dossier. Homme de très grande expérience, président de la chambre d'accusation de la cour d'appel de Dijon, jouissant d'une réputation excellente, l'homme a derrière lui quarante années d'exercice. Il est sur le point de prendre sa retraite. Lorsque le dossier lui échoit, la chancellerie recourt à une décision exceptionnelle pour prolonger l'activité du magistrat. Ce sera donc la dernière affaire de sa carrière. Un point d'orgue.

Le juge Simon a toutes les qualités recherchées

pour un dossier de cet ordre. Il est rigoureux, intègre et, ce qui est très appréciable ici, discret. Tous reconnaissent que c'est un excellent choix. Il est l'homme de la situation. D'ailleurs, si on utilise volontiers le terme de « président » quand on parle de lui, cela tient probablement davantage aux mérites qu'on lui reconnaît qu'à la fonction de ce magistrat. Le juge Simon fait l'unanimité. Il saura mener cette barque-là à bon port.

Autre juge, autre méthode.

Celle du président Simon est en totale opposition avec celle du juge Lambert. Maurice Simon ne laisse guère de place à l'improvisation. Tous ses actes de procédure sont pensés, pesés, préparés. Surtout, il fuit la presse. Pour lui, le secret de l'instruction est un dogme intangible, jamais il n'a été pris en défaut sur ce point. Il sourit derrière ses lunettes finement cerclées, esquisse une mimique : c'est sa façon de répondre aux journalistes. Il ne lâche rien.

Élancé, mince, un peu raide même, le cheveu blanc peigné avec soin, sanglé dans un imperméable impeccable, il a la démarche vive et assurée. Lors des perquisitions, il va là où il veut, toujours à l'essentiel. Il est économe de ses gestes et de ses pas. Contrairement à son prédécesseur, il n'hésite jamais. Il fait.

C'est à la fin juin 1987 que le juge Simon reprend l'enquête en main. La formulation officielle de l'ordonnance de la cour d'appel a beau se limiter à « un complément d'information », chacun comprend qu'il convient de repartir à la base. Dans les faits, le nouveau magistrat doit tout reprendre. Il se plonge dans les quelque six mille procès-verbaux de l'affaire ; auditionne ou confronte cent vingt-quatre témoins ; entend à vingt-deux reprises les époux Villemin, ensemble ou séparément. En octobre, puis en novembre, il entreprend des reconstitutions méticuleuses sur les lieux mêmes du drame dans l'espoir d'en restituer le déroulement précis.

Chronomètre sous les yeux, il effectue de nombreuses fois les allées et venues supposées de Christine Villemin et de Bernard Laroche le 16 octobre 1984. Il étalonne les trajets de la jeune femme, considérée comme innocente ; puis il refait les mêmes trajets, en supposant qu'elle est coupable. Il ne laisse aucun détail dans l'ombre. Le hasard, connaît pas. Il vérifie la moindre déclaration, contrôle les emplois du temps. Et, tout ce temps, il garde un mutisme absolu. Simon, c'est le Sphinx. Les rares journalistes qui ne se laissent pas décourager par les silences obstinés du nouveau juge et qui continuent à l'assiéger en sont pour leurs frais. Rien ne filtre, rien ne transpire, sauf les reporters.

Quelles hypothèses le juge Simon prend-il en considération ? Nul ne le sait. Il travaille ainsi d'arrache-pied près de vingt-huit mois. Sa réserve a au moins une vertu bénéfique : le climat passionnel qui a accompagné et pourri l'enquête est retombé. L'air est purifié, dirait-on.

Mais ces deux longues années n'ont pas été uniquement consacrées à minuter des parcours ou à vérifier des alibis. Le juge Simon les a également employées à explorer l'histoire et les histoires de la galaxie Villemin. C'est un labyrinthe de secrets, une mine de renseignements. Les rapports entre les gens, les rancunes, les griefs, les rapprochements, les trahisons, tout ce qui fait le legs d'une famille, Simon les connaît. À l'issue des ses investigations, de ses auditions habilement conduites, il est l'homme qui connaît le mieux les mystères qui traversent cette tribu tentaculaire – soixante-dix personnes. Avec sa méthode à lui, patiente, opiniâtre, il décèle les non-dits, les fantasmes familiaux, les mariages entre cousins, les liaisons inavouables, les intrigues incestueuses, les grossesses clandestines, les conflits d'intérêts, les rancœurs amoureuses. Mais il y a plus : chez ces terriens, il y a les conflits nés de la terre elle-même. Les arpents arrachés dans les partages, les lopins spoliés, les poignées de glaise mal divisées lors d'héritages successifs, iniquités réelles ou supposées qui grossissent avec le temps, avec les banquets avinés, les querelles de bistrots, les affrontements au conseil municipal. Tout un monde de passions chiches, de menus ressentiments, d'amitiés acariâtres se lève. Le juge tisse sa toile. Il interroge, sonde, pousse les uns et les autres dans leurs retranchements.

Il a de rudes adversaires en face de lui. Ils ne craquent pas. Pourtant, le juge sent qu'il approche de la vérité, il le sait. Et s'il en doutait encore, les lettres de menaces de mort qui lui parviennent ainsi qu'à ses petits-enfants disent assez qu'il est sur la bonne voie. Dans les Vosges, plonger dans le secret des familles, cela ne se fait pas. La justice n'a rien à faire là-dedans. Dieu, peut-être. Et encore...

Est-ce parce des menaces planent au-dessus des siens, de ceux qui lui sont les plus chers au monde, que le juge amorce une révision de son attitude vis-à-vis des médias ? Ou bien, comme les autres, est-il intoxiqué par l'affaire Grégory ? Chez un homme à principes comme Simon, rien n'est fait au hasard ou par maladresse. Peut-être espère-t-il, comme naguère Lambert, provoquer une réaction d'aveu ou de dénonciation dans le camp adverse ? Bref, il commence à lâcher des informations dans les gazettes. Cet homme qui a une vie de discrétion derrière lui accorde brusquement une interview télévisée dans le journal de 20 heures. Paul Lefèvre, chroniqueur judiciaire sur La Cinq, recueille ces confidences. Le magistrat explique :

– Derrière un meurtre comme celui-là, il y a forcément un mobile. Ce secret réside là, dans ce mobile.

– Et vous l'avez trouvé, ce mobile ?

– Vous dire à quoi je suis arrivé, je ne le peux pas.

– Est-ce que c'est un dossier dans lequel on connaîtra un jour la vérité, monsieur le juge ?

– À mon sens, oui.

Un silence passe. Le juge n'élabore pas sa réponse. Paul Lefèvre reprend :

– Il va se passer des choses dans cette affaire ?

– C'est probable. Je ne pense pas qu'elle se termine sans rebondissements.

– Des choses qui vont surprendre ?

– Peut-être. Oui.

– Tout cela débouche sur un mobile et un personnage ?

Le juge laisse apparaître un fin sourire. Il répond :

– Un mobile... Et un ou des personnages.

– Pourquoi des personnages ? Il peut y en avoir plusieurs ?

– C'est une possibilité. Oui.

Le juge n'a pas dit grand-chose. Il a l'art de distiller l'information sans livrer des éléments importants. Il ne fait que susciter la curiosité. C'est donc un maître du suspense ?

Quelques jours plus tard, les confidences du magistrat trouvent un prolongement dans une interview très controversée publiée dans *Le Nouveau Détective*. C'est un journal à sensation, mais qui a souvent des articles bien informés. Ici, la méthode employée par le journaliste donne matière à polémique. Il ne s'agirait pas d'une véritable interview accordée en connaissance de cause par le juge, mais d'une conversation privée remodelée ensuite sous forme de questions-réponses. C'est une façon de faire peu déontologique. Mais qui sait ? Un juge qui parle à un journaliste ne peut pas être naïf. Des gens qui accordent des interviews ou des photos et qui se drapent ensuite dans leur droit au silence sont légion. C'est une façon de faire retomber le blâme sur le journaliste. Il suffit de dire ensuite : « Non, non, je n'ai jamais donné mon aval ! » Le procédé a été souvent employé par les stars et les hommes politiques.

Donc, le juge Simon, en « conversant » avec le reporter du *Nouveau Détective*, n'est peut-être pas aussi candide qu'il le laissera penser après. Mais peut-être l'est-il... C'est toute la finesse du jeu.

Dans cette vraie-fausse interview, le juge Simon laisse entendre qu'il est convaincu de l'innocence de Christine Villemin. Premier point. Puis il explique être convaincu que l'enlèvement et le crime ont été commis non pas par une seule personne, mais au moins par deux. Ou davantage. Le rapt aurait été perpétré par un individu, accompagné ou non, puis l'enfant drogué, endormi, aurait été livré à un autre individu qui, plus tard dans la soirée, et non dans l'intervalle de temps retenu jusqu'alors par l'enquête, serait allé le jeter dans la Vologne. Ce qui expliquerait, la nuit étant alors tombée, qu'aucun témoin n'ait remarqué de manœuvres suspectes à Docelles, dans le bourg, près de la rivière.

Pour ce qui est du rapt, Maurice Simon semble dire, dans *Le Nouveau Détective*, que Bernard Laroche pourrait en être l'auteur. La personne l'ayant éventuellement accompagné serait peut-être sa belle-sœur, Muriel Bolle. Mais de là à conclure que Laroche est l'assassin, il y a un pas que le juge Simon se garde bien de franchir. Pas de preuve, pas d'affirmation.

La conviction du magistrat est que les diverses personnes impliquées appartiennent toutes au clan familial. Quant au mobile, il pense qu'il faut aller le chercher, du moins en partie, dans des haines ancestrales remontant au grand-père Villemin, voire plus loin. Des haines dont les générations successives héritent, et que des conflits successifs viennent régénérer. La vérité serait à chercher dans la mémoire et les poubelles de la tribu. Pas dans les rivalités de fraîche date. C'est un drame sournois, un règlement de comptes silencieux qui s'est réglé dans les eaux de la Vologne.

Et comme s'il voulait renforcer ce qu'il avance, le juge Simon tient à préciser, concernant les menaces de mort dont il fait l'objet, ainsi que ses petits-enfants, que seules deux personnes connaissent leur existence. Et ces deux personnes appartiennent au clan Villemin.

Évidemment, personne ne peut songer que le juge Simon parle à la légère. Il a une opinion, elle est sans doute très fondée, mais son rôle lui interdit de la dévoiler. Chacun tente de décrypter ces propos sibyllins. Et chacun de se persuader que le juge sait. Il sait ! Il connaît le mobile, a dénoué l'écheveau complexe des haines croisées, il possède l'identité de l'assassin. Les journaux, une fois de plus, n'hésitent pas à accrocher la charrue devant les bœufs. Pourtant, le juge s'est avancé avec une prudence de Sioux. Tout est incertain.

Mais pourquoi de telles confidences ? Le juge s'est-il laissé gagner par la fièvre de la Vologne, cette épidémie qui semble pousser tous ceux qui traitent l'affaire Grégory à se précipiter vers la presse ? A-t-il cherché à affoler le loup ou les loups pour le ou les faire sortir du bois ? Si c'est le cas, sa stratégie a échoué. Personne ne sort du bois. Celui-ci, plus que jamais, est impénétrable.

En fait, la troisième victime de l'affaire Grégory est totalement inattendue.

C'est le juge Simon lui-même.

Les avocats qui défendent la mémoire de Bernard Laroche, ainsi que les intérêts de la veuve et des enfants Laroche, ne peuvent rester sans réaction devant ces déclarations. Celles-ci innocentent Christine Villemin, certes, mais chargent Laroche à nouveau. L'un des avocats de ce dernier, Me Paul Prompt, se précipite à Antenne 2 et, lors du journal, explique les raisons pour lesquelles il dépose plainte pour viol du secret de l'instruction et pourquoi il demande que le juge Simon soit dessaisi. À ses yeux, les « débordements médiatiques » auxquels s'est livré le magistrat font qu'il « n'a plus aujourd'hui la crédibilité d'un magistrat impartial ».

Pour le président Simon, c'est un cauchemar. Lui, l'intègre et silencieux haut magistrat, le chevalier blanc du secret de l'instruction, l'homme à la carrière parfaite, irréprochable, exemplaire, le voilà frappé. Rien n'est pire que cette plainte. Simon est touché de plein fouet.

Pour lui, ce n'est pas un incident de parcours, un épisode de la guérilla juridique, une riposte de bonne guerre ou un effet de manche. C'est un camouflet terrible. Toute une vie au service de la justice est bafouée.

Quelques jours plus tard, le président Simon est terrassé par une crise cardiaque. Elle le laissera très diminué. Il n'y survivra pas longtemps. L'affaire Grégory a tué une nouvelle fois. L'enfant, puis Laroche, puis le juge. Trois victimes. Quand le juge Simon est porté en terre, chacun sent bien que, cette fois-ci, c'est aussi le deuil de la vérité qu'il faudra porter.

Une question demeure, quand même : si le meurtre du petit Grégory est dû à un affrontement familial, à une vendetta ancienne, il y a des gens au courant. Et si c'est une vengeance, comme tout semble l'indiquer, les victimes savent ; car qu'est-ce qu'une vengeance dont on ignore le mobile et le coupable ? Rien. Elle n'a aucun sens. Je te fais du mal, je veux que tu le saches.

Mais *qui* sait ?

Quelques mois plus tôt un avocat, consterné devant les piétinements et les revirements de l'enquête, avait laissé s'échapper cette réflexion :

– C'est le diable en personne qui mène l'affaire !

Aucun doute. C'est bien le diable qui est aux commandes, dans la Vologne. Il ricane, il se gausse, il danse. Dans ces terres noires, c'est bien le cœur des hommes qui est le plus noir.

Chapitre 13

LA VOIE DU JUGE, LA VOIX DE LA JUSTICE

Lorsqu'il a repris l'enquête, le président Simon n'a pas seulement contrôlé et minuté le parcours des principaux témoins l'après-midi et le soir du 16 octobre 1984. Il a aussi fait étudier très scrupuleusement la dérive du corps dans la Vologne. Il s'est rendu sur les lieux, à plusieurs reprises. Cependant, il a dû tenir compte de certains aménagements de berge et de quelques modifications du lit de la rivière survenus entre-temps. Il a donc fait reposer son analyse, essentiellement, sur l'état du cadavre. Les sauveteurs l'ont décrit, le médecin généraliste appelé sur les lieux aussi, puis le médecin légiste et enfin les proches venus se pencher sur la petite victime à la caserne des pompiers de Docelles.

Le juge Simon a confié ces expertises au professeur Marin, spécialiste de médecine légale à la faculté de médecine de Dijon, expert auprès de la Cour de cassation. Au terme de ses vérifications, le professeur Marin est en mesure de confirmer l'hypothèse initiale des gendarmes. L'enfant aurait été immergé dans le village même, assez près de l'endroit où il a été retrouvé. Cette première approche a naguère été balayée par le juge Lambert et les policiers de Nancy. Quand ils ont commencé à croire à la culpabilité de Christine Villemin, ils ont surtout cherché à expliquer comment le crime avait pu être perpétré en plein jour, sans être remarqué. L'endroit de la mise à l'eau avait alors été situé en amont, hors du bourg. Mais, selon le professeur marin, si tel avait été le cas, le corps, après avoir franchi un barrage de retenue et avoir été ballotté dans le charriage de branches et de détritus, porterait des traces, des stigmates, des coups.

La précision la plus déterminante qu'apporte Marin concerne le temps durant lequel le corps a séjourné dans la rivière. Selon lui, l'état de souplesse apparente qu'ont souligné les pompiers ainsi que le médecin présent à leurs côtés est rigoureusement incompatible avec une immersion de quatre heures dans une eau à 10 ou 12 °C. L'expert évalue le temps de cette immersion à environ une heure. Ce serait donc vers 20 h 30, et non vers 17 h 30, que le petit Grégory aurait été immergé. Une fois la nuit tombée. Personne n'a donc rien remarqué, dans l'obscurité. Les gens étaient derrière leurs volets clos.

Ce qui est un peu étrange. Car, en province, tout le monde regarde tout le monde. Rares sont les événements qui passent inaperçus. Tout le monde aussi se souvient, souvent avec une précision étonnante, car prenant ses repères dans les habitudes locales. Cette façon de quadriller le paysage, de le surveiller, fait partie intégrante du mode de vie.

Donc, ici, personne n'aurait rien vu ?

Reprenons. À 20 h 30, donc à l'heure où Simon suppose que le garçonnet a été mis à l'eau, Christine Villemin n'est pas seule. Elle est alors entourée de sa famille et les gendarmes sont présents. Le nouvel horaire innocente la jeune femme. Mais ouvre d'autres pistes : le ou les ravisseurs, paniqués devant la machine policière qui se met en marche, ont-ils décidé de se débarrasser de l'enfant en le tuant ? C'est donc qu'ils sont dans l'entourage proche, très proche.

Le président Simon s'est alors posé la question d'une éventuelle complicité. Il a entendu et réentendu les époux Villemin. Il a repris attentivement les déclarations du voisinage. Il n'a pourtant rien décelé dans le passé de la jeune mère, ni dans celui de son époux, qui puisse laisser entrevoir une telle participation. Le juge

Simon n'a jamais trouvé d'indices qui donnent à penser que les Villemin aient eu, par exemple, une liaison extraconjugale ou une relation douteuse. Quand il parle à la télévision ou fait le point dans *Détective*, il se repose sur des faits solidement établis.

Le pitoyable feuilleton des cordelettes a tourné à l'avantage de Christine Villemin. Voilà que l'horaire du crime, le nouvel horaire, la décharge aussi. Ce qui ne veut pas dire qu'elle ne soit pas complice... Car certaines charges tiennent encore. De moins en moins, c'est vrai. La suspicion majeure s'est effritée, les soupçons collatéraux, par voie de conséquence, s'effritent aussi. Ainsi, les témoignages des filles de la poste sont moins assurés. Le rapport final de Simon indique : « Plusieurs de ces témoignages ont été détruits, et le crédit qui s'attache aux autres s'en trouve grandement fragilisé. » Toute l'affaire commence à ressembler à un château de sable battu par les vagues...

Dans le même temps, un nouvel élément arrive à la surface de l'enquête. Un témoignage essentiel, jamais apporté durant toutes ces années. Jalousement gardé. Pourquoi ?

Bien après le drame, une voisine des Villemin, cultivatrice de son état, commence à distiller autour d'elle quelques bribes de confidences. Le

16 octobre, vers 17 heures, elle se trouve sur la petite route de Lépanges, où se situe sa petite ferme. Elle est là, avec une personne de connaissance qui, après avoir pris le café, la conduit à un pré où elle fait paître sa soixantaine de vaches. La fin de l'après-midi arrive, il est temps de reconduire les bêtes à l'étable. Sur le chemin qui mène à la ferme, celui de la maison des Villemin, l'ami qui a pris le café a croisé une voiture de couleur verte. Ce véhicule a dû se garer sur le bas-côté pour laisser passer l'autre voiture. La route est très étroite, à cet endroit. L'homme aurait alors aperçu à bord de la voiture verte un homme costaud à grosses moustaches et rouflaquettes. À son côté se serait trouvée une jeune femme aux cheveux roux...

Voilà confirmée l'idée que les paysans voient tout, enregistrent tout. Ils ne sont pas causants. Il faut aller les chercher. D'eux-mêmes, ils ne vont pas à la police.

Or la ressemblance entre cette description et le portrait de Bernard Laroche et de Muriel Bolle est frappant. En outre, Laroche possède une voiture verte.

Si Laroche et Muriel se sont trouvés ce jour-là à cet endroit précis, dans ce créneau horaire, les premières déclarations de la collégienne sont accréditées. Le juge Simon, qui soupçonne Laroche d'avoir participé à l'enlèvement du petit Grégory, était-il donc dans le vrai ?

Pourquoi ce témoignage de deux personnes est-il si tardif ? L'explication qui a été donnée est que l'ami circulait dans une voiture de service et qu'il n'avait rien à faire, professionnellement, sur les hauts de Lépanges. Il se serait tu pour ne pas perdre son emploi. La peur de se retrouver à la une des journaux aurait joué aussi. La fermière, elle, serait restée silencieuse parce que des menaces lui sont parvenues :

– Si tu parles, on mettra le feu à ta ferme !

À la campagne, c'est une promesse qu'on prend au sérieux. Personne ne plaisante avec ces choses-là.

Les avocats de Christine Villemin, Me Garaud en tête, vont fustiger ce « silence coupable », certes. Mais leur cliente est, une fois de plus, soulagée. Les faits parlent pour elle. Le paysage a totalement changé. Christine Villemin émerge de son cauchemar.

Le non-lieu, cette fois-ci, est assuré. Le président Simon a ouvert la voie. À ce stade, toutes les parties sont d'accord sur le bien-fondé de la démarche, et l'on ne voit pas très bien comment il pourrait en être autrement. Tout ce qui accusait la jeune femme s'effondre. Le château de sable a disparu.

L'arrêt de non-lieu est prononcé par la chambre d'accusation de la cour d'appel de

Dijon le 3 février 1993. Depuis la soirée tragique qui a vu l'enfant mourir, neuf années ont passé. La justice a parlé.

Enfin !

Le texte définitif de l'arrêt, motivé tout au long de quatre-vingt-treize pages, va plus loin même que le réquisitoire de l'avocat général Jean Stéfani. Il n'existe pas de « charges suffisantes » contre Christine Villemin, disait ce dernier. Les magistrats, eux, ont ignoré cet adjectif. Ils soulignent ainsi, avec force, qu'il ne devrait pas subsister le moindre doute, la plus légère suspicion contre Christine Villemin.

Les commentateurs, unanimes, ne s'y trompent pas. Ce qui est prononcé là, ce n'est pas seulement un non-lieu, c'est un authentique jugement de réhabilitation. C'est un moment historique.

Oui, historique. Car rien, en droit, n'obligeait les magistrats à aller aussi loin. De plus, tout le monde est d'accord. Personne n'émet de réserve, de réticence ni même d'objection, si petite fut-elle. Christine Villemin est lavée de tout soupçon.

L'arrêt rédigé par le président Jean Martin, le haut magistrat qui a pris la relève du juge Simon, est sans ambiguïté aucune. Il réfute une à une les vingt-cinq charges avancées par le juge

Lambert et retenues par la chambre d'accusation de Nancy lorsqu'il s'agissait de renvoyer Christine Villemin devant les assises.

Les témoignages des filles de la poste ne sont plus retenus. Balayés. À propos de la plage horaire permettant de perpétrer le meurtre, l'arrêt précise qu'il apparaît « impossible » que Christine Villemin ait disposé du temps « nécessaire pour commettre le crime qui lui a été imputé » ; En ce qui concerne les appels téléphoniques, la chambre d'accusation note que « le tableau établi par le SRPJ est incomplet et erroné. Le cahier des appels tenu par Monique Villemin (la belle-mère de Christine) est tronqué, la majorité des feuillets ayant disparu ». Sur les expertises en écritures, les magistrats constatent que « les avis des experts interdisent, en l'état, d'accuser Christine Villemin d'avoir écrit les lettres litigieuses ». Au sujet des fameuses cordelettes, la chambre se contente d'un sobre commentaire : « Il est impossible, en l'état, d'affirmer que Christine Villemin détenait au moment du crime une cordelette semblable à celle ayant servi à ligoter son fils et qu'elle ait été seule à en posséder. »

Après la réfutation des charges, l'arrêt aborde le portrait psychologique de l'inculpée afin de déterminer si sa personnalité est compatible avec l'assassinat de son propre enfant. La réponse est négative. Et l'arrêt rappelle à ce propos que la jeune femme, tout au long des huit années d'instruction, a été examinée par... onze psychiatres ! Un calvaire. À cet égard, le commentaire est assez sec sur « certains dysfonctionnements de la police judiciaire ». Il est relevé que le commissaire, « principal artisan des accusations contre l'inculpée, a dû convenir, au cours du supplément d'information, que l'absence de mobile à l'assassinat de l'enfant avait pu conduire la presse, l'opinion publique et même certains magistrats chargés de l'affaire à envisager d'autres éventualités telles que l'aliénation ou la crise de folie ». Les phrases ne sont pas courtes, mais on comprend bien. Christine Villemin n'est pas folle.

Enfin, l'arrêt mentionne un élément plus inattendu qui est la solidité du couple Villemin. Les magistrats tiennent en effet à souligner que « le couple est toujours resté uni, même dans les pires épreuves » et qu'« aucune infidélité de l'un ou de l'autre n'a pu être établie ». Bref, c'est une *love story* parfaite pour les magazines féminins. Comme le dit avec humour un chroniqueur : « Au Moyen Âge, on en aurait fait une chanson de geste ! »

Tout va bien pour Christine Villemin, donc. En revanche, l'arrêt ressemble fort à l'amorce d'un réquisitoire très serré à l'encontre de

Bernard Laroche. Ce qui irait dans le sens de la vengeance : si les Villemin savent qu'il y a eu vengeance, ils connaissent le coupable. Or, le coupable, ils l'ont identifié et Jean-Marie Villemin l'a exécuté.

Les magistrats vont assez loin dans la suspicion. Les témoignages tardifs, les analyses du foulage (égarées et enfin récupérées) sont mentionnés comme « s'ajoutant à des charges anciennes ». À ce stade, l'arrêt reprend en fait les conclusions auxquelles le président Simon était arrivé.

Le non-lieu et la réhabilitation magistrale de Christine Villemin satisfont toutes les parties, puisque toutes étaient demanderesses. Me Lombard, avocat des grands-parents de Grégory qui se sont constitués partie civile, peut donc légitimement se réjouir avec ses confrères de la défense, à la sortie du palais. Dans l'euphorie du moment, il clame :

– Plus jamais ça ! Plus jamais de ces affaires outrancièrement médiatisées où quelqu'un peut être aussi longtemps cloué au pilori et où la justice pédale dans la choucroute !

Belle envolée. Après les loups dans la jungle, voici le vélo à choucroute. Décidément, nos hommes de loi ont le verbe haut et la métaphore hardie !

Hélas, le ténor du barreau parle dans le vide, et il le sait bien. Il y aura d'autres affaires mal bouclées, d'autres dossiers branlants, d'autres erreurs judiciaires. Il est vrai que la leçon de la Vologne a porté. Quand d'autres affaires surgiront, comme celle de la Josacine empoisonnée, la gendarmerie aura à cœur de monter un dossier irréprochable, qui se traduira par une mise en accusation et une condamnation impeccables.

Au soir de la victoire conjointe de la justice et de la maman de Grégory, Me Marie-Christine Chastang, avocate qui a rejoint la défense de l'accusée en cours de procédure, livre le commentaire qui ira droit au cœur de Christine Villemin et de son mari :

– S'ils ont réussi à tenir le choc et à subir sans faiblir cette épreuve épouvantable, c'est parce qu'ils s'aimaient. Je me souviens que lorsque Christine a passé son vingt-cinquième anniversaire en prison, Jean-Marie lui a envoyé vingt-cinq roses. Il ne pensait qu'à elle, elle ne pensait qu'à lui. C'est l'amour, en définitive, qui leur a permis de tenir, et qui les a sauvés !

Chapitre 14

LA DERNIÈRE ÉPREUVE

Le 3 novembre 1993, au palais de justice de Dijon s'ouvre le procès de Jean-Marie Villemin pour l'assassinat de son cousin Bernard Laroche. Qui a eu lieu huit ans auparavant, le 29 mars 1985. Après trente mois de prison, Jean-Marie Villemin a été remis en liberté sous contrôle judiciaire par le juge Simon, à la Noël 1987. Le couple Villemin est alors parti vivre en région parisienne dans l'anonymat, loin des micros, des caméras et des visages de la tribu Villemin.

La veille du premier jour de son procès, Jean-Marie Villemin retrouve la prison, à Dijon cette fois. Il a maintenant trente-cinq ans. Sa silhouette est celle d'un adolescent. Son visage est resté jeune. Mais le regard est dur, sombre. Le sourire rare.

Quand il pénètre dans la salle d'audience de la cour d'assises, celle-ci paraît bien exiguë pour un si grand événement. On se presse, on s'entasse. Pour un peu, comme au temps de Dreyfus, on louerait des pliants. L'ambiance est lourde, la foule électrique. L'affaire Grégory fait toujours recette. Chez les journalistes, une certaine lassitude se fait jour. Mais le ban et l'arrière-ban de la presse est là. Chacun sait bien, en effet, qu'au-delà du meurtre de Bernard Laroche c'est toute l'affaire Grégory qui va être exhumée et – qui sait – jugée.

Même Helmut Newton, le photographe des top-modèles érotiques, a fait le voyage, abandonnant le Château-Marmont, l'hôtel de Los Angeles où il s'est établi. À soixante-treize ans, il réalise un rêve de jeunesse. Ce Berlinois d'avant-guerre a envie de jouer les paparazzi. Il a le regard, mais aussi les mots, et il donne son avis sans aménité sur les deux femmes vedettes du prétoire. Il regarde Muriel Bolle :

– Cette rousse a quelque chose d'extraordinaire dans le visage. Quelque chose du Moyen Âge.

De Christine Villemin, il dit :

– Son visage est tellement fermé que je ne sais pas qui a la clé pour ouvrir ça !

La simple lecture de la programmation des débats, le « menu » du procès, ne permet pas le moindre doute. La cour ne veut laisser aucun aspect du dossier dans l'ombre. Les magistrats de Dijon qui ont préparé cette comparution aux assises auraient pu se contenter de la limiter à quatre ou cinq jours. Les faits sont connus et reconnus, le coupable identifié, les circonstances établies, l'arme récupérée. Il aurait été possible de juger Villemin pour son acte en quelques audiences, sans chichis. De plus, le non-lieu en faveur de sa femme renforce sa défense. Tout le monde comprend qu'il a tiré sur Laroche parce qu'il considérait de bonne foi que celui-ci était l'assassin de son fils. En plus, se disent les spectateurs, peut-être sait-il quelque chose que nous ne savons pas. Que nous ne saurons jamais, et qui lui a permis de parvenir à une certitude...

Ce n'est donc pas la formule courte que retiennent les magistrats. En accord avec les avocats de la défense, ils optent pour la version longue. Ils prévoient cinq, oui, cinq semaines de débats. En fait il y en aura six, presque sept ! Trente jours d'audience. Cent cinquante auditions. C'est bien toute l'affaire Grégory que la cour va explorer. Comme l'écrit Denis Robert dans *Libération* : « Pour réussir à juger le père, les jurés bourguignons vont essayer de savoir qui a tué l'enfant. »

Témoins, gendarmes, policiers, experts, vont se succéder à la barre pour restituer leur part de vérité, leur approche du drame devant les neuf jurés. Cinq hommes et quatre femmes. Tous âgés d'une quarantaine d'années. Devant la durée prévue des débats, cinq jurés suppléants ont été désignés, deux hommes et trois femmes. Il est à noter que c'est une femme qui est premier juré.

Le président Olivier Ruyssen conduit le procès. La greffière, Édith Gaudin, connaît fort bien le dossier, puisqu'elle a été le bras droit du président Simon durant toute l'instruction.

Selon le programme des débats prévu par les magistrats, environ une semaine doit être consacrée à l'examen de la personnalité de l'accusé. Les circonstances du meurtre de Bernard Laroche viendront ensuite. Le reste du procès devra être employé exclusivement à une sorte de remise à plat de l'instruction de l'affaire Grégory proprement dite. Avec, notamment, une journée réservée à l'énigme des cordelettes, une autre à l'emploi du temps de Bernard Laroche. Une autre semaine sera réservée à l'examen des déclarations successives de Muriel Bolle, belle-sœur de Laroche et principal témoin à charge contre lui. Elle doit être entendue à six reprises. « Entendue » est un terme mesuré : en fait, on espère la pousser dans ses retranchements et l'acculer. Alors la vérité éclatera peut-être. Les avocats de Jean-Marie Villemin n'en font pas mystère : ils attendent de ces confrontations dans cette atmosphère surchauffée que la jeune femme – elle n'a plus quatorze ans, mais vingt-quatre – finisse par craquer ; Mais, en dix ans, les choses n'ont-elles pas changé ? Les caractères ne se sont-ils pas durcis ? Les souvenirs, émoussés ? Ou pire : ne se sont-ils pas figés dans une fausse vérité ?

Dès le premier jour, Muriel Bolle est au centre de la passe d'armes entre les avocats de l'accusé et ceux de la famille Bolle. Les premiers veulent que Muriel dépose en qualité de témoin et non juste au titre de la partie civile. Les seconds s'y opposent. Ils estiment que si elle devait être témoin, ce serait le procès de Laroche comme kidnappeur présumé que l'on ferait, et non celui de Villemin assassin de Laroche. Subtile distinction juridique... Les seconds obtiennent gain de cause. Muriel Bolle pourra donc assister aux audiences en tant que partie civile et, en conséquence, le camp de Jean-Marie Villemin voit disparaître la latitude de poursuivre éventuellement la jeune femme pour faux témoignage. Qui plus est pour « faux témoignage devant une juridiction criminelle ». Le ton est donné. C'est bien un procès dans le procès.

Le quatrième jour, le prétoire vit un moment pathétique. Jean-Marie Villemin se lève dans le box et interpelle sa mère. Il prétend qu'elle sait qui est le corbeau. Elle nie. Elle nie encore. Elle répète, avec émotion :

– Je n'ai jamais rien caché, tu sais, Jean-Marie.

Si je l'avais fait, j'aurais honte d'aller sur la tombe de Grégory. Nous y allons toutes les semaines.

L'ombre du corbeau plane sur les débats. Car ce volatile de mauvais augure continue à pourrir l'existence de ceux qu'il a harcelés des années durant. Personne n'arrive à mettre un nom sur ce délateur abject. Ou plusieurs noms. Car il semble bien que le corbeau ait une voix de femme quand il appelle hors du cercle familial, pour alerter faussement un médecin ou faire livrer un cercueil chez le grand-père. Et une voix d'homme, basse, rauque, effrayante, pour insulter ou menacer un membre du clan. Les experts disent de cet inconnu omniprésent dans le prétoire qu'il est fruste mais sait toucher exactement où ça fait mal. Il sait fort bien, par exemple, quel impact aura son attaque quand il lance à Jean-Marie Villemin, à plusieurs reprises : « Ta mère, je la tiens. Elle sait qui je suis... »

Le corbeau empoisonne tout, c'est son plaisir. Les affrontements pénibles entre la mère et le fils sont dus à son venin. Moments forts, pesants. Il y en aura d'autres. Mais on ne progresse pas. Où est la vérité ? On s'enlise. L'impression est pénible. Les auditions des policiers, des gendarmes, n'apportent rien de nouveau. Celle de Marie-Ange Laroche non plus. Les participants se sont calcifiés sur leurs positions. Depuis le temps qu'ils répètent les mêmes choses, celles-ci sont devenues indéracinables, incontestables. Il y a des auditions qui durent quatre heures. Il y a des échanges tonitruants entre les avocats. Exaspéré, le président Ruyssen passe par des moments de lassitude, c'est évident. Il intervient parfois, sur le ton d'un pion face à un chahut de potaches :

– Cessez ces hurlements, ce n'est pas cela qui fera avancer la vérité !

Il flotte là-dessus une atmosphère singulière. Comme si la petite salle d'audience de la cour d'assises de Dijon se trouvait à son tour saturée de non-dits, de haines sourdes, de suspicions délétères. L'ambiance de la Vologne contamine le palais.

Le dix-septième jour d'audience est pénible, très pénible. De nouveau, un face-à-face tendu oppose Jean-Marie Villemin et sa mère, toujours sur la question de l'identité du corbeau. La mère, en sanglots, finit par crier :

– Je n'en peux plus ! La mort sera ma délivrance ! Grégory, c'était ma joie !

Les filles de la poste ont déclenché cette crise. Elles ont réaffirmé avoir vu Christine Villemin devant la fameuse boîte aux lettres. Le président Ruyssen, tranquille, autoritaire, explique l'importance de l'enjeu. Mais les filles persistent. La salle, sonnée, se tait. Les visages se ferment. Certains sont blêmes ; il fait chaud. De nouveau, le soupçon court : et si Christine Villemin était coupable ? Si, au contraire, les trois filles mentent, dans quel but le font-elles ? Une conspiration ? Pourquoi ? Christine Villemin a été innocentée par un non-lieu sans équivoque, et la voilà remise sur la sellette ! C'est surréaliste.

On se demande jusqu'où ces audiences vont dériver. La formule de Me Garaud sur le « bateau ivre de la justice » revient en mémoire. Et que dire de ce « diable qui mène la barque » ? Décidément, c'était bien vu !

Christine Villemin est confrontée à ses accusatrices. Celles-ci maintiennent. Christine aussi. Chacune campe sur ses positions. Un des avocats de la partie civile tente alors une attaque frontale contre la mère de Grégory. Il s'efforce de démontrer que ses collègues ne peuvent pas l'avoir vue le 15 devant la poste comme elle le prétend, mais bien le 16. Jean-Marie Villemin intervient. Il dit avoir surpris sa mère, Monique, faisant la bise à l'une des filles de la poste lors d'une reconstitution, alors que les deux femmes prétendaient ne pas se connaître... Et l'affrontement repart. L'ambiance est à couper au couteau. La mère, à son tour mise sur la sellette, attaquée par son propre fils, se défend, implore Muriel Bolle de dire la vérité :

– Je n'ai jamais trompé mon mari. J'ai élevé six enfants. J'ai toujours voulu que mes gosses soient des enfants honnêtes, ils l'ont toujours été. Voilà ma vie, monsieur le président, voilà ma vie...

Elle pleure, elle hoquette. Elle a l'air sincère. L'est-elle ? Nul ne sait. Une fois encore, les observateurs se demandent si on n'en est pas au même point qu'aux premiers jours, enlisé dans des rancœurs familiales dont on ne verra jamais la fin et dont on ne parvient pas à identifier la source.

Le procès progresse, régresse. La vérité passe, se dérobe. C'est un jeu d'ombres fatigant. Muriel Bolle, entendue longuement, est questionnée une semaine entière. Les avocats de Villemin espèrent qu'elle craque. Ils attendent. Tout le monde attend. De ses deux versions, laquelle est la bonne ? Est-elle allée avec Laroche à Lépanges, ou bien a-t-elle tout inventé ?

Le président Ruyssen, obstiné, revient sur l'itinéraire suivi en compagnie de Laroche. Les gendarmes et la jeune femme se succèdent. Les détails sont passés au crible : ils sont d'une importance cruciale. Ce sont eux qui ont convaincu le juge que Muriel n'a pas inventé ce voyage sur les rives de la Vologne. Le juge Lambert, à la barre, explique :

– Arrivés au carrefour de Bruyères, nous nous attendons à tourner à droite, elle nous a fait aller à gauche.

Un gendarme confirme. Muriel Bolle s'emporte :

– C'est pas vrai ! C'est le commandant C. qui m'a dit de tourner !

Le gendarme ne se laisse pas faire :

– Arrivés à la maison des Villemin, elle nous a fait arrêter pile où Laroche avait arrêté sa voiture.

– C'est à cause du croquis qu'on m'a forcé à faire. Comme quoi je l'ai suivi, c'est tout.

Le président ne lâche pas prise :

– Dans un procès-verbal, vous indiquez que, de l'endroit où vous étiez, vous aperceviez le bout de la toiture des Villemin. Ce détail ne s'invente pas.

– C'est le gendarme qui m'a montré une photo où on voit le toit.

Elle ne se démonte pas. L'interrogatoire ne donne rien. Chou blanc.

L'après-midi, la cour s'efforce de définir le rôle de la famille de Muriel dans son revirement. Son avocat, Me Welzer, excuse sa cliente : elle est repartie car elle se lève à 4 heures du matin pour venir à Dijon et elle doit s'occuper de ses deux enfants. Néanmoins, Muriel reste au centre des débats. La cour veut savoir. On retrace donc chronologiquement le jour de la première audition.

Ce jour-là, le 3 novembre 1986, les gendarmes reconduisent Muriel Bolle chez ses parents et livrent à son père le contenu de son témoignage contre Laroche. Ils demandent au père de garder le secret. Le lundi 5 novembre, après avoir passé le week-end parmi les siens, Muriel est entendue par le juge Lambert. Elle confirme les propos tenus devant les gendarmes. L'après-midi même, elle est ramenée au domicile familial. Et, à la mi-journée, Bernard Laroche est arrêté sur son lieu de travail, devant micros et caméras. Ces images saisissantes font l'ouverture des journaux télévisés et, à chaque flash d'information, les radios relatent ce haut fait. Mais le lendemain, mardi, Muriel se rétracte.

D'autres éléments apparaissent. Le samedi soir, l'adolescente aurait tenté de se suicider en se jetant sous le train. Personne, semble-t-il, dans la famille, ne l'interroge sur les raisons de cette décision. C'est évidemment totalement incroyable. Personne ne l'aurait questionnée ? Invraisemblable. Quand une adolescente fait un geste désespéré, le premier réflexe, c'est de lui demander : « Pourquoi ? »

Personne n'aurait donc écouté Muriel ? Ou

essayé de faire pression sur elle ? Il y a eu du « grabuge » entre Marie-Ange et elle, certes. Mais quel type de grabuge ? On se doute de la nature de la querelle. On n'en aura aucune confidence. Marie-Thérèse, la sœur des deux femmes, a été témoin de l'algarade.

On la fait venir à la barre.

Marie-Thérèse explique qu'elle a pris Muriel chez elle le lundi soir et qu'elle lui a lu les journaux au petit déjeuner, le mardi matin. Muriel, alors, a fondu en larmes. Elle aurait alors confié que les gendarmes l'avaient forcée. L'époux de Marie-Thérèse confirme. Marie-Ange confirme. Le mur familial est puissant. Tout le monde est solidaire. Si un seul craque, le mur s'écroule. Ils tiennent. Ou, plus simplement, peut-être disent-ils la vérité ? Muriel reprend :

– Non, je n'étais pas avec Laroche. Non, je ne suis pas allée à Lépanges. Non, je n'étais pas là où le gosse a été noyé !

Le dossier est revenu des années en arrière. Les policiers sont questionnés sur les cordelettes, les gendarmes sur le reste. Normalement, un procès fonctionne comme un oignon : plus on l'épluche, plus on s'approche du cœur. Là, c'est le contraire. Le cœur s'éloigne. On apprend des choses sur la guerre des polices, certes. Mais rien sur Grégory.

Le juge Lambert est de nouveau à la barre. De nouveau, les débats deviennent insignifiants. C'est qu'il ne se souvient plus vraiment de l'affaire, le magistrat instructeur ! Il s'en excuse presque à chaque prise de parole, indifférent à l'irritation du président, à l'indignation des avocats et à la désapprobation houleuse de la salle. Il ne se souvient pas des détails, mais il est sûr d'une chose : il s'est fait piéger par les gendarmes. C'est sa défense, et il s'y tient :

– Mon regret dans cette affaire est de n'avoir pas pris tout de suite les policiers du SRPJ de Nancy.

Lorsque Me Robinet, un des avocats de Jean-Marie Villemin, fait observer que c'est lui qui dirigeait l'enquête, lui encore qui a commis les erreurs qui ont plombé l'instruction, Lambert a la candeur d'opposer à cette attaque les bonnes notes annuelles émises par ses pairs. Il va jusqu'à sortir ces évaluations de sa sacoche, et il en donne lecture devant la cour :

– En 1984, on disait de moi : c'est un magistrat intelligent, travailleur et compétent. En 1991 *[il est alors en poste à Bourg-en-Bresse]*, le procureur de Lyon écrit : « Ce magistrat a affronté des difficultés hors du commun qu'il n'a pu maîtriser... »

Cette manière désarmante et puérile de se justifier fera écrire à Pierre Bois, l'une des meilleures plumes du *Figaro* : « Si Jean-Michel Lambert n'a pas travaillé son dossier et ne se souvient plus de quelques bribes d'une histoire qui ne le concerne plus, il a relu les appréciations qui le concernent. C'est tout lui. » Bref, Lambert a l'air d'un égaré.

Le président Ruyssen ne cache d'ailleurs pas l'exaspération que le personnage et son attitude lui inspirent. En réponse à l'un des avocats des parties civiles qui demande que le livre de souvenirs que le juge a publié soit évoqué, le président lâche :

– Le dossier se passera de ce moment de littérature.

Pendant une minute, l'atmosphère est allégée.

Me Garaud, dans sa plaidoirie, laissera lui aussi filtrer un soupçon d'acrimonie à l'encontre du magistrat. Lambert lui réclame, révèle-t-il, une note de taxi de mille deux cents francs, alors que son livre lui a rapporté un million de francs !

Le débat plafonne, se traîne, retombe. L'une des rares touches d'humanité dans cet interminable feuilleton judiciaire vient des époux Villemin eux-mêmes. Ils sont émouvants, oui, émouvants. Au fil des audiences, Christine a réussi à se rapprocher, sur son banc, du box de l'accusé. Par-dessus l'épaule des avocats, elle lui adresse quelques mots. Une fois, lors d'une pause, un baiser furtif est même échangé.

Bientôt, une rumeur se répand. Le palais de justice, qui fonctionne comme un village avec ses bruits, ses coteries, ses habitudes, est propice à ces confidences. Pendant les interruptions, Christine Villemin rejoindrait discrètement Jean-Marie dans une toute petite pièce près de la salle d'attente des témoins, sous le box. Le gardien leur laisserait même une Thermos de thé préparé par sa femme et des petits gâteaux secs. Enfin, une bouffée d'air frais dans ce procès. Vrai ou faux ? Peu importe. Chacun se délecte de cette historiette charmante...

Quand, enfin, on voit le bout du tunnel, quand il ne reste plus à venir que le réquisitoire de l'avocat général, les plaidoiries et le verdict, beaucoup d'observateurs doivent faire un effort pour se souvenir de quoi il s'agit. Ce procès est bien celui de Jean-Marie Villemin, qui a tué Bernard Laroche. Soit c'est un assassin. Soit c'est un justicier. Dans les deux cas, il ira en prison.

Mais pas pour la même durée.

Pour Jean-Marie Villemin, cette nuance peut se traduire en dizaines d'années. Une vie, donc.

Chapitre 15

VOLÉE DE BOIS VERT ET ULTIME FRAYEUR

L'avocat général Jacques Kohn est resté en retrait. Six semaines d'audience ne l'ont pas poussé à sortir du bois. Lorsqu'il se lève pour prononcer son réquisitoire, le 14 décembre 1993, tout le monde sent que le moment est décisif. Dehors, l'ambiance est aux fêtes : Noël est dans l'air. Dedans, le moment est crucial.

Avec une belle ardeur et peut-être un soupçon de gourmandise, Kohn pointe les lacunes des uns et des autres, les manquements, les dérives. Son intervention, souvent brillante, s'applique à recadrer comme il convient une affaire dont plus personne ne saisit exactement les contours.

– Après toutes les insuffisances de l'enquête, après la suspicion jetée sur l'institution judiciaire, il fallait que tout le dossier soit examiné au grand jour.

Le public, les jurés, le président écoutent avec

attention. Kohn décrit le milieu dans lequel le crime a été commis, évoque la Vologne « qui prend sa source près de la ligne bleue des Vosges » et la population de la vallée, une population « composée en grande partie de familles gitanes sédentarisées, qui vit calfeutrée, repliée sur elle-même ». Des familles gitanes ? Première nouvelle. Les Roms sont donc installés dans les Vosges ? Quand on sait ce que cette image des gens du voyage représente pour la province française – l'image de gens d'ailleurs, d'une autre culture, portés par le vent des grandes routes –, on mesure le poids de cette remarque.

Le procureur poursuit :

– Dans ce milieu clos, tout le monde se tient par la barbichette pour des raisons futiles et insignifiantes. C'est sur ce terreau de haine que le corbeau a distillé son venin. Les protagonistes de ce drame ont été emportés par la passion de vouloir comprendre ce qui, peut-être, était de l'ordre de l'incompréhensible. Cette passion les aura emportés.

Mais cette « passion de comprendre », d'où sort-elle ? Jean-Marie Villemin n'est pas jugé ici pour sa « passion de comprendre », mais bien parce qu'il a tué un homme d'une balle en plein cœur. Le procureur ne s'arrête pas en si bon chemin. Il fustige Jean-Michel Lambert :

– Mémorable funambule de la pensée à l'indifférence euphorique et aux si nombreux trous de mémoire ! Fort de ses notes élogieuses qu'il a eu l'outrecuidance de présenter à cette barre, il a de plus accumulé des erreurs trop nombreuses pour qu'il me soit possible d'en dresser une liste.

Mais, grands dieux, où nos magistrats, nos policiers, nos gendarmes trouvent-ils matière à pareilles envolées ? D'où leur vient ce penchant pour les figures de style les plus lourdes ? « Mémorable funambule de la pensée » ? « Indifférence euphorique » ? On se croirait dans un roman début de siècle ! Personne ne sait donc s'exprimer simplement ?

Le procureur Kohn continue :

– Jean-Marie Villemin n'a pas trouvé auprès de son juge d'instruction le soutien normal qu'il devait en attendre

Ensuite, ce sont les gendarmes qui ont droit aux foudres du ministère public.

– Quand Laroche a été arrêté, ils ont commis une très grave erreur, puisque c'est sous les caméras qu'ils l'ont arrêté. Le caractère outrancier de cette arrestation n'a pu que rétroagir sur l'esprit de Jean-Marie Villemin !

Mais les policiers du SRPJ de Nancy sont bientôt à leur tour ciblés. Kohn dénonce leur refus de travailler avec les gendarmes et leur « obstination à faire avouer à des proches que le couple Villemin était dépravé ». Il se met à tonner :

– Jean-Marie Villemin savait cela en allant tuer Laroche. L'attitude de ce service me paraît inexcusable !

Le journaliste du grand hebdomadaire populaire, souvent cité, n'est pas davantage épargné. Il se voit qualifié de « racoleur de cancans et de ragots, plus soucieux de tapage que de vérité ».

– La lecture du procès-verbal de Muriel Bolle chez les Villemin a joué sur Jean-Marie le rôle de chiffon rouge brandi devant le taureau !

Le magistrat en arrive à l'aspect pécuniaire de l'affaire, à ce qu'il appelle « le mercantilisme » des médias.

– Le produit des procès en diffamation ne représente que la partie apparente d'un gigantesque iceberg financier. Comment ne pas croire à l'existence d'un sponsoring mystérieux ? Le débarquement médiatique sur la Vologne ressemble à une prolifération mystérieuse, mais le paroxysme du délire a été atteint par Marguerite Duras dans un grand quotidien parisien ! Dérisoire intelligentsia que celle qui se prosterne devant la prêtresse d'une telle perversité hystérique !

On imagine Kohn, chez lui, dans le secret de son bureau, fignolant ces effets de style, aiguisant ces stances théâtrales. Trouvant la formule sur la « prêtresse d'une telle perversité hystérique », et se disant : « Ah oui, c'est joli, ça ! » Non, ce n'est pas joli. C'est simplement plein d'emphase.

Ces quelques comptes réglés, l'avocat général aborde les éléments factuels. Il se dit convaincu de l'innocence de Christine Villemin et insiste sur les rétractations des « filles de la poste ». Deux d'entre elles ont reconnu à l'audience s'être trompées de jour. L'argument des lettres s'effondre.

Plus loin, Kohn vient à la rescousse de Muriel Bolle :

– Muriel a pu monter dans la voiture d'un homme à des fins sentimentales. D'où son échafaudage travestissant l'escapade en un périple avec Bernard Laroche.

D'où sort cet argument ? Muriel a-t-elle eu une liaison secrète ? Une aventure ? Avec qui ? Pure supputation ?

À ce stade du réquisitoire, les époux Villemin peuvent être sereins. Les coups tombent. Mais pas sur eux.

Soudain, c'est la douche froide. Après un bref silence, comme s'il voulait marquer le cœur du sujet, l'avocat général développe son accusation contre Jean-Marie Villemin. La salle se fige. Les avocats s'abstiennent de toute mimique ou conciliabule. Jean-Marie Villemin est plus pâle que jamais. Christine, blême aussi, fixe devant elle un point mystérieux au sol. Les mots de l'avocat général pèsent lourd :

– Il ne faut pas succomber à la tentation de tenir le meurtre de Laroche pour un appendice dérisoire du meurtre de Grégory. Il doit être puni sans faiblesse. Blanchir Villemin reviendrait à introduire une notion nouvelle dans notre droit, celle de « légitime assassinat ». Ce serait accorder la bénédiction du peuple français à un homme qui, sur ses seules certitudes, décide de tuer. Vous n'avez pas affaire à un crime passionnel. C'est un criminel dangereux, froid, méthodique. Il est plein d'orgueil et sans regret. Il représente un danger latent dans la mesure où il n'a épuisé ni la fureur ni l'agressivité encore enfouies en lui. Et si une troisième personne sur laquelle aucun soupçon ne pèse encore était démasquée comme étant le corbeau, n'y a-t-il pas lieu de craindre qu'il se fasse de nouveau justice ? Jean-Marie Villemin ne peut bénéficier de circonstances atténuantes exceptionnelles. Le verdict que vous allez rendre doit tenir compte de la nature de cet assassinat, le plus grave qui soit.

Dans la tension extrême de l'auditoire, le procureur demande alors à la cour une peine « qui ne soit pas inférieure à dix ans de réclusion ».

Jean-Marie Villemin est transformé en statue. Sa femme fond en larmes. Lui aussi.

« Pourquoi cette sévérité ? »

La question vient dès l'ouverture de la plaidoirie

de Me Garaud. Les avocats de la défense doivent jouer serré : Mes Moser, Chastang et Robinet ont déjà plaidé avant Garaud. Ils ont préparé le terrain. Garaud reprend :

– Pourquoi cette sévérité ? Pourquoi dix ans ? Pour un truand comme Willoquet qui tire sur deux policiers, je comprends. Mais là, ce n'est pas ça. Jean-Marie n'est pas un criminel ni un justicier. Après mille jours de prison, il est sorti à Noël 1987, comme je vous demande de le faire sortir aujourd'hui. Il a repris son travail, retrouvé sa femme, ses deux enfants, Julien et Émelyne. Il est venu ici de son plein gré. Il a repris le chemin de la prison pour le procès. Alors, où est sa dangerosité ?

Le défenseur marque un temps. Et continue :

– Mesdames et messieurs les jurés, vous allez pénétrer dans la salle des délibérés. Vous y verrez accroché un tableau. Celui de la loi, que je respecte. Vous y lirez : « Vous êtes les juges, jugez dans le silence et le recueillement. » Pour condamner, il faut huit voix. Pour acquitter, cinq. Le vote est secret. Sur une feuille, vous avez à répondre oui ou non, ou rien. Il n'y a pas de voix prépondérante. Les bulletins blancs sont favorables à l'accusé. Ensuite, on brûle les papiers. Si vous avez un doute, je vous dis : acquittez !

Deux heures passent. Me Garaud insiste :

– Jean-Marie vous l'a dit : il avait du chagrin

dans les veines. Cinq d'entre vous peuvent dire non ! Non coupable ! Sans suivre personne ! En regardant simplement leur conscience. Acquittez !

Dans un lourd silence, l'avocat regagne sa place. Raclements de gorge, frottements de pieds, craquements. Le président laisse filer quelques secondes et donne la parole à l'accusé.

Jean-Marie Villemin se lève avec difficulté. La gorge nouée, il peut à peine articuler quelques mots. On est loin de l'assurance parfois irritante qu'on lui a connue auparavant. Ce n'est pas le « chef » qu'on a sous les yeux, mais un homme à bout, vidé, brisé. Entre deux sanglots, il dit :

– C'est pour Grégory que je suis là. Je vous en supplie, ne me séparez pas de Christine ! Je vous en supplie, assez de souffrance !

Christine Villemin est tétanisée sur son banc. L'auditoire retient son souffle. Plus de six semaines après le début du procès, on se souvient des mots de Jean-Marie Villemin lorsqu'il a évoqué sa vie après le drame : « Le jour on essayait de vivre. La nuit, on pleurait. »

Ces mots-là, simples et vécus, valent tous les effets de style.

Enfin, le président Ruyssen donne lecture des préceptes régissant les délibérations. Ce moment-là, dans tous les prétoires, est empreint de gravité.

– La loi ne demande pas compte aux juges des moyens par lesquels ils sont convaincus, elle ne leur prescrit pas de règles desquelles ils doivent faire particulièrement dépendre la plénitude et la suffisance d'une preuve. Elle leur prescrit de s'interroger eux-mêmes, dans le silence et le recueillement, et de chercher, dans la sincérité de leur conscience, quelle impression ont faite sur leur raison les preuves rapportées contre l'accusé et les moyens de sa défense. La loi ne leur fait qu'une seule question, qui renferme toute la mesure de leur devoir : avez-vous une intime conviction ?

Les juges se retirent. Après quatre heures de délibérations, ils sont de retour dans le prétoire et livrent leur arrêt. La cour d'assises de la Côte-d'Or a répondu « oui » à la culpabilité de l'accusé. « Oui » également à la préméditation. Et « oui » aussi à de larges circonstances atténuantes.

En conséquence : cinq années d'emprisonnement.

Compte tenu du temps que Jean-Marie Villemin a passé en prison et des remises de peine normales, il retrouve la liberté une quinzaine de jours plus tard.

Tout le monde est d'accord : c'est un « verdict d'apaisement ». Les jurés ont voulu sanctionner le crime et rappeler que se faire justice soi-même est condamnable. Mais, au fond, tout le monde se dit : « Si on avait tué mon enfant, comment aurais-je réagi ? »

Pour le petit couple sonne enfin l'heure de la fin du calvaire. Christine et Jean-Marie Villemin retrouvent la région parisienne et reprennent leur nouvelle vie. Un troisième enfant naît quelque temps plus tard. Christine reste au foyer. Jean-Marie poursuit sa carrière professionnelle au sein de la firme où il travaillait lors du drame, et qui ne l'a jamais laissé tomber.

Pas un jour ne passe sans qu'ils pensent à Grégory. Pas un jour.

Chapitre 16

LE DERNIER TÉMOIN MUET

À la suite d'une demande d'expertises génétiques déposée en novembre 1999 par Me Thierry Moser, un des avocats des époux Villemin, la chambre d'accusation prend le 14 juin 2000 une décision qui fait figure de grande première. Elle ordonne la réouverture de l'enquête sur la mort du petit Grégory.

Il s'agit de « faire parler » une moitié de timbre-poste récupéré sur une enveloppe expédiée par le corbeau en avril 1984 aux grands-parents paternels de l'enfant. D'après les différentes expertises en écriture, la main qui a écrit l'adresse est la même qui a rédigé le message de revendication parvenu à Jean-Marie Villemin le lendemain du meurtre de l'enfant. Ainsi, dans l'hypothèse où il reste des traces d'ADN (grâce à la salive), toutes les possibilités sont ouvertes.

Quinze ans plus tôt, de telles recherches

n'étaient pas possibles. En 2000, ces techniques ont fait la preuve de leur fiabilité. À partir de cet ADN, carte d'identité génétique de chacun d'entre nous, on peut identifier tout individu avec une certitude de 99,99 %.

Le morceau de timbre mesure 2,6 cm sur 1,1 cm. L'ancienneté n'est pas un obstacle. L'ADN n'a pas de durée limite d'existence. Par ailleurs, il résiste à une température de 90 °C.

Néanmoins, préalablement à la décision de rouvrir ou non le dossier, la chambre d'accusation a fait procéder à une étude de faisabilité. L'expert chargé de cette étude donne une réponse positive, en émettant des réserves. Il faut que le document ait été conservé à l'abri de l'humidité et de la lumière. Il mentionne aussi le caractère « très problématique » de la recherche en raison des multiples manipulations dont le document a été l'objet. On tente néanmoins l'expérience.

Pour toute la famille, c'est une nouvelle épreuve qui se prépare. Et si le test dénonçait quelqu'un qu'on n'avait jamais soupçonné ? Un proche ?

Sur le plan judiciaire, l'ordonnance de la chambre d'accusation de Dijon constitue une innovation importante. Me Thierry Moser explique, dans les colonnes du *Parisien* :

– À ma connaissance, c'est la première fois que les progrès de la science sont considérés comme une « charge nouvelle ». Selon le code pénal, la « charge nouvelle » est un élément de suspicion contre une personne mise en examen. Ici, l'hypothèse est inédite : on considère que les progrès de la science constituent un fait nouveau qui peut entraîner une conséquence analogue à la « charge nouvelle ». Cette interprétation extensive constitue l'originalité juridique du dossier.

Le 10 octobre 2000, seize ans après la mort de Grégory, les spécialistes du laboratoire de génétique moléculaire de Nantes, Jean-Paul Moisan et Marie-Gaëlle Leroux, rendent leurs conclusions.

Elles sont négatives. Trop de manipulations diverses, trop de traces fondues, trop de superpositions : le document est parasité.

Ainsi, l'ADN, ultime témoin du drame de Lépanges, a gardé son secret. On reparle de la « malédiction de la Vologne »...

Cependant, entre le mois de juin où la décision de rouvrir le dossier est intervenue et la mi-octobre, où le rapport est tombé, il se peut que certains, dans les paisibles collines des Vosges, aient tremblé.

Le 21 février 2004, le petit Grégory a été exhumé, pour être incinéré, à la demande de ses parents qui voulaient qu'il repose, plus tard, auprès d'eux. Dès lors, on ne voit pas ce qui pourrait relancer l'enquête, à part une nouvelle dénonciation, ou une confession spontanée, peu probables.

Aujourd'hui, vingt ans après l'assassinat de l'enfant, le mystère reste entier.

Qui a enlevé Grégory Villemin le 16 octobre 1984, vers 17 heures ?

Qui a lié les membres de l'enfant et l'a jeté dans l'eau de la rivière ?

Qui a glissé dans la boîte aux lettres de Lépanges, dès 17 h 15, la lettre au « chef » ?

De quoi le petit Grégory est-il mort réellement ?

Et surtout, pourquoi ?

Marie-Ange Laroche est de celles qui croient qu'on saura un jour :

– Je crois qu'on saura la vérité. J'ai ça au fond de moi, quelque part. Il ne faut pas être humain, il faut avoir une pierre à la place du cœur pour vivre avec ça !

Pourra-t-on, grâce aux progrès de la science, identifier la voix du corbeau ? Grâce à la démarche de Me Moser, le dossier a été rouvert pour dix ans. Donc jusqu'en 2011.

Il reste, de cette affaire sordide, le spectacle d'une débâcle de la justice, d'un naufrage de la vérité. Et, surtout, le souvenir d'un enfant mort. Comme le disait sobrement le président Simon :

– J'ai une dette envers quelqu'un. J'ai une dette envers le petit.

Cette dette, nous l'avons tous.